# 災害特派員

## その後の「南三陸日記」

三浦英之

集英社文庫

# 目次

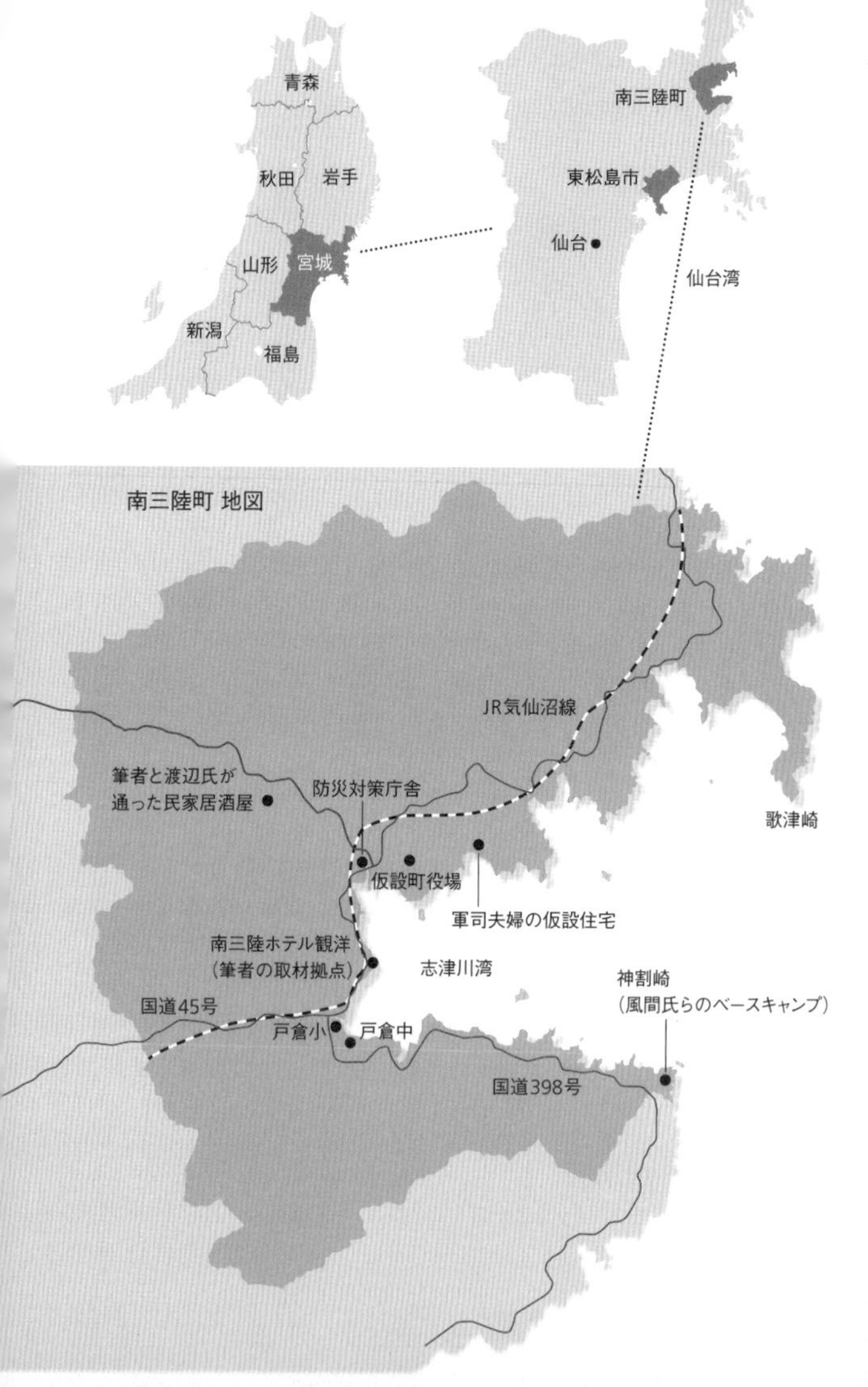
青森
秋田
岩手
山形
宮城
新潟
福島
南三陸町
東松島市
仙台
仙台湾
南三陸町 地図
JR気仙沼線
筆者と渡辺氏が
通った民家居酒屋
防災対策庁舎
仮設町役場
軍司夫婦の仮設住宅
歌津崎
南三陸ホテル観洋
（筆者の取材拠点）
志津川湾
神割崎
（風間氏らのベースキャンプ）
国道45号
戸倉小
戸倉中
国道398号

# 災害特派員　その後の「南三陸日記」

渡辺龍に捧ぐ

## 序章

# 答えられなかった質問の答え

何度も同じ夢を見た。匂いや手触りのある不思議な夢だ。

最初に立ち上がってくるのは「音」である。暗闇の奥から「シュー、シュー」という漏出音が鼓膜を揺らす。次は「匂い」だ。微《かす》かに漂うエタンチオールの匂いから、どこかでプロパンガスが漏れているのだと睡眠下の意識が理解する。

朦朧《もうろう》とした意識の中で、私はいつも倒壊した家屋の上を歩いている。なぜか海まで行こうと決めている。五寸釘《ごすんくぎ》が突き出し、ゆらゆらと不安定に揺れる木材の上を綱渡りのようにして歩いていると、海辺のガードレールが突然視界に飛び込んでくる。グニャグニャにねじ曲げられた鉄の帯には――まるで捕虫用の粘着シートのように――いくつもの遺体が搦《から》め捕られている。多くが服を着ていない。首から上がない人もいる。

私は悲しんではいない。戦《おのの》いてさえもいない。現実と思考を切り離し、「この光景をどうやって記事にしようか」と文章の構成を考えている。

それでも、不意に足を踏み入れようとした半歩先に、自転車にまたがったまま半分泥に埋まった男の子の遺体を目撃したとき、私は自分が崩壊するのではないかという恐怖に襲われ、無意識のうちに空を見上げる。目の前が曇り、自分が泣いていることに気づく――。

被災地での勤務が終わり、現場を離れてからも見続けるそれらの夢を、一方で私は決してネガティブなものとしては捉えていなかった。強度なストレス下に置かれた人間がそのような夢を見ることはごく自然な反応であるように思えたし、それらはむしろ、「あの日のことを忘れるな」と私をあの日につなぎとめてくれている碇《いかり》のような役割を果たしていると信じてもいた。

被災地に勤務していたとき、東京からバスで現地を訪れた小学生たちに聞かれた。

「どうしてこんなに多くの人が死んだのですか」

私はすぐにはその質問に答えることができなかった。なぜこんなにも多くの人々が死んだのか、あるいはなぜこんなにも多くの人々が死ななければならなかったのか――。

その問いに対する具体的な答えをイメージとして持てるようになったのは、震災から三年を迎えた二〇一四年の春だった。私は招かれたある会合でそのイメージを言葉に変えて会場に伝えた。

「原因の一つはたぶん、メディアにあるのだと思う」

被災地で取材をしていたとき、奇妙な光景に何度も出会った。三陸《さんりく》地方の沿岸部では至る所に巨大な石碑が建てられているのだ。石面には大抵、明治三陸大津波や昭和三陸大津波における当時の惨状が刻まれている。周囲でどれほどの死者が発生し、どの集落が壊滅したか。かつて有効なメディアを持ち得なかった人々は、目の前の惨状をなんとか後世に語り継ごうと必死の思いで言葉を石に刻み続けていたのだ。

私は今、彼らの気持ちが痛いほどわかる。東日本大震災はその一六年前に発生した阪神・淡路大震災とは性質が大きく異なる。偶発的に西日本の大都市を襲った直下型地震とは違い、三陸地方では一八九六年の「明治三陸大津波」で約二万二〇〇〇人が死亡し、一九三三年の「昭和三陸大津波」でもやはり約三〇〇〇人が亡くなっている。わずか百十数年の間に何度も津波の襲撃を受け、その度にこの地方は壊滅を繰り返してきたのだ。先人たちはおそらく知っていた。この地に再び大津波が押し寄せ、無数の命が海に奪われるだろうということを。だからこそ伝えたかったのだ。人の命を奪うのは決して津波や地震ではないのだということを――。

頻繁に見る夢の続きを、私は現実の過去として記憶している。泥に埋まった子どもの遺体を足元に見たとき、私は体の芯から声を絞り出すようにして泣いた。そしてその直後、「なぜ我々はこの子を逃がしてやることができなかったのか」と周囲をぐるりと見渡したのだ。

近くに壊滅した小学校や低層造りの病院が見えた。多くの避難民が津波に飲み込まれた海抜わずか数メートルの避難所が見えた。安全地帯の高台へと続く細くて険しい階段が見えた。津波の到来を見えにくくする、高くて不格好な防潮堤の残骸が見えた……。

そして、そんな命を守るべきはずの無数の人工物のなかで、私は「メディアはこれまで一体何を伝えてきたのだろう」と絶望した。今目に映っているすべては、先人たちの警告を十分に語り継いで来ることができなかった、メディアによって作り出された光景ではなかったか——。


人を殺すのは「災害」ではない。いつだって「忘却」なのだ。

そう思えた瞬間、私は自分が何をすべきかを明確に理解できるようになったし、あの日の夢を見ることを恐れなくなった。

＊

これは私の個人的な震災取材の体験を綴《つづ》った「手記」である。

発生翌日に被災地に入り、一八日間最前線を歩き回った。その後、新聞社が新たに設置した「南三陸駐在」として宮城県南三陸町に赴任し、約一年間、現地の人々と生活を共にした。そこで私が考えたり、感じたりしたことをできるだけ具体的に——そしてなるべく正直に——書き綴った「回想録《メモワール》」である。

今振り返ってみても、当時私が伝えることができた事物はほんの一握りに過ぎなかったし、いくつかの取り返しのつかないミスもした。立ちはだかる現実を前に私の技術はあまりに未熟だったし、ある局面では無力でさえあった。

それでも、被災地を這《は》いずり回った日々は私の中に決して小さくないものを残したし、新聞社が特定の災害地域に記者を長期間滞在させ、そこで実際に生活を送らせながら報道を続けさせたことは極めて異例なことだったと思う。この国でジャーナリズムと向き合おうとする限り、災害というファクター（もちろんそこには未知なる感染症との闘いも含まれている）をもはや避けて通ることができなくなった今、私はそうした自らが犯した失敗や葛藤の教訓を——あるいはそれらに伴う苦悩や悔恨の断片を——今後、災害報道に携わるかもしれない若手記者や将来ジャーナリズムの世界に飛び込もうと考えている学生たちと共有できないかと考えた。

いや、もっと正直に記そう。

私は目に見えない摂理のようなものに抗《あらが》ってみたかったのだ。

時を重ねていくにつれて、私の記憶は加速度的に薄らいでいくだろう。日々の雑務にかき消され、あの日の夢を見なくなる日がやがて私にも訪れるに違いない。

あるいは、それらが「癒え」や「回復」という言葉に置き換えられるものなのだとしても、私はそれらの摂理に従いたくはなかった。

失われてもいいものと、そうでないものが、この世の中にはきっとある——。

あの日以来、私はそんな風に考えるようになった。

# 第一章
# 地図のない町

# メトロノーム

二〇一一年三月一一日、私は東京・渋谷のセンター街にいた。午前中に横浜での取材を終え、遅めの昼食を取ろうとカフェチェーン店「プロント」に立ち寄っていた。

午後二時四六分、大地がゆっくりと揺れ始めたとき、私はそれをすぐに地震だとは気づけなかった。それまでに宮城県や新潟県で震度六強の揺れを経験していたが、今回の揺れはまるで違った。突き上げるような縦揺れが足元から襲うのではなく、大地が地滑りを起こしているように大きく左右にずれていく。私は自分がめまいを起こしているのではないかと錯覚し、気がつくと店のテーブルにしがみついていた。

どれくらい揺れ続けたのだろう。窓の外へと視線を向けると、鉛筆のようなセンター街の建物群がメトロノームのように揺れていた。買い物客が悲鳴を上げて屋外に逃げ出してきている。路上にしゃがみ込んだまま動けなくなっている若者の姿も見えた。

すぐさま東京本社の編集局に連絡を入れようと思ったが、携帯電話がつながらなかった。JR渋谷駅に徒歩で向かうと、電車は全線が運休していた。客待ちのタクシーも一台もない。

青山通りに出て一時間ほど手を挙げ続けたが、タクシーはまったく捕まらなかった。気の毒そうな視線を残して通り過ぎていく運転手たちを横目に見ながら、私は「果たして震源はどこなのだろうか」と考えた。特殊な能力を持たない私のような記者が人よりも優れた記事を書こうと思えば、方法は二つしかない。特ダネを狙って誰よりも早くその場に到達するか、深いルポルタージュを書くために誰よりも長くそこに留《とど》まるかだ。

幸い装備は充実していた。午前中は新年度から始まる平和企画の一環として戦争末期に造られた旧日本海軍の特殊地下壕《ちかごう》に潜り込んでいたため、編み上げのトレッキングシューズにヘッドライト付きのヘルメット、リュックには万一落盤で脱出できなくなった場合に備えて数日分の水や食料も詰め込まれている。近くに地滑りや家屋倒壊の現場などがあれば、すぐにでも取材に向かえる態勢だった。

空車のタクシーを求めて幹線道路をさまよい歩いていると、老人ホームの待合室に置かれた旧型のテレビから奇妙な映像が流れているのが見えた。港に浮かんだ中型漁船が真横にスライドしているような映像だった。私はカヌーを趣味にしている。潮流の少ない湾内で船が真横に動くことなどあり得るだろうか？

老人ホームの自動ドアを抜けると、意外なほど静かな待合室にはテレビから流れるアナウンサーの声だけがこだましていた。

「今、太平洋沿岸に津波が発生しています。沿岸部にお住まいの方は……」

津波――?

画面の右上に「宮城」という表示を見たとき、私の思考は完全に吹き飛んでしまった。

## 第二のふるさと

記者はふるさとを二つ持つと言われる。一つは出生地であり、もう一つは初任地である。二〇〇〇年春に新人記者として仙台総局に配属された私にとって、宮城県はまさに職業記者としてのイロハを学んだ「第二のふるさと」と呼べるような土地だった。

ひとまず築地《つきじ》の東京本社に向かおうと青山通りを歩き始めた。直後、ポケットに入れていた携帯電話が鳴った。画面を見ると、〈全員居場所を知らせよ〉という上司からの安否確認のメールだった。依然通話はできないものの、メールだけは一時的に受送信が可能になったようだった。

〈無事です。渋谷駅にいます〉

そうメールを返すと、すぐに〈渋谷駅に留まり、帰宅困難者の原稿を送れ〉との指令が来た。

〈了解しました。その代わり、取材が終わったらすぐさま現場に出してください。宮城県は私の初任地です。人脈も土地勘もあります〉

そう打ち返したが、どれだけ待っても返信が来ない。ＪＲ渋谷駅に向かうと、構内は無数の帰宅困難者たちで立錐《りっすい》の余地もなく、駅全体がまるで通勤時の満員電車のように混み合っていた。全線運休で捌《は》け口を失ったホームに人々が続々と流れ込み、身動きが取れなくなっている。

やがて陽《ひ》が傾き始めると、帰宅を断念した人々が隣のデパートへと流れ込み、夜を明かすために非常階段の場所取りを始めた。薄暗い非常階段の蛍光灯の下に、数百人の帰宅困難者たちがまるで雛《ひな》人形のように並んだ。駅前の交番の前に立ちはだかり、「千葉はどっちだ」と怒鳴りながら聞いているサラリーマンもいる。

私は渋谷駅の状況を短い原稿にまとめてデスクに送ると、返信を待たずに本社に歩いて向かうことにした。

二時間後、編集フロアに到着すると、都内版の担当デスクが決死の形相で端末を叩《たた》いていた。

「東北沿岸部が壊滅している。東京でも死者が出ているが、比較にならない……」

深夜零時、上司から「朝一番で羽田の格納庫に向かえ」との指示を受けると、私はすぐさま会社の非常用回線を使って自宅の妻と連絡を取った。新潟総局でアルバイトの経験がある妻は非常時に記者がどのように動くかを――つまり夫に今何が必要なのかを――知り抜いている。

二三区内のタクシーは予約でいっぱいだったが、借家のある多摩《たま》地域ではなんとか一台確保することができた。タクシーには午前四時に借家で荷物を積み込んでもらい、そのまま本社まで直接来てもらうよう手配した。妻が準備してくれた大型リュックには数日分の着替えと非常食、そして短い手紙が添えられていた。

《無理はしないでね。半年後には二人目の子どもが生まれます――》

私はそれを最後まで読まずにリュックの奥の方へと押し込んだ。

## カーラジオのニュース

早朝、取材ヘリの格納庫では、すでに数人の記者たちがいつ飛び立つかもわからないフライトを待ち続けていた。整備士に尋ねると、東北地方の主要空港はすでに政府や自衛隊によっておさえられており、取材用のヘリが着陸できるのは唯一、福島空港だけらしかった。搭乗予定者の名簿を盗み見てみると、会社はまず「キャップ」と呼ばれる三〇代後半のリーダー格の記者を東北の取材拠点に送りこもうとしているようだった。

当時の私は東京社会部という大枠に属してはいるものの、厳密な意味では都内版を担当する立川《たちかわ》支局員であり、本社勤務というよりは地方勤務として見なされるようなポジションにいた。

このままではいくら待っても私の名前は呼ばれない――。

私は格納庫で六時間待ったところで空路での現地入りを諦め、陸路で入る方法を模索した。偶然、東京本社からカメラ機材を格納庫に運んできた社有車が一台空いていたため、私は東京本社に一方的に連絡を入れ、カメラマンと一緒にその車で現地を目指すことにした。

都内では至る所で非常線が張られ、渋滞で首都高にたどり着くまでに三時間ほどかかった。新聞社が所有する「緊急通行車両確認証明書」を提示して東北自動車道に乗り込むと、路面の亀裂にタイヤが脱輪しないよう、自衛隊車両の後を追うようにして被災地へと向かった。

車が福島県の二本松インターチェンジに差し掛かろうとした頃、車載のカーラジオが「福島県の沿岸部にある東京電力福島第一原発から爆発音のようなものが聞こえた」という緊急速報を伝えた。

「どうしますか……」と運転手がバックミラー越しに不安そうな声で聞いた。「……原発に向かいますか？」

私は少し考えてから言った。「自衛隊車両を失うと前に進めなくなります。このまま宮城県に向かってください――」

直後、運転席の肩が数センチ沈み込むのが見えた。

会社が前線本部として確保していた、宮城県との境に位置する岩手県一関《いちのせき》市内の和風旅館には、すでに盛岡総局や新潟経由で駆けつけた大阪社会部の記者たち数人がいた。その時点では運転手を含めた八人を男女別に六畳二部屋に割り振る予定だったが、一関に拠点があると聞きつけた記者が次から次へと押し寄せてきたため、結局一四人の記者と四人の運転手が男女混合で狭い二部屋に詰め込まれることになった。

多くの記者が食料を持参していなかった。冷たいままの「サトウのごはん」に冷たいままの「ボンカレー」をかけて腹の中へと押し込んだ。お湯を掛けずにカップラーメンの麺だけを食べている女性記者もいる。

十分だ、と私は思った。

それがその日に口にした最初の食事でもあった。

## 津波の町

翌朝は午前三時に起床してカメラマンと一緒に宮城県南三陸町へと向かった。初任地・仙台での勤務時代、そこが津波被害の頻発地であることを取材先から何度も聞かされていた。リアス式海岸の付け根に張りつくようにして市街地を形成している南三陸町では、津波が一度発生してしまうと大量の水が遠浅の湾を駆け上り、遠く山あいの集落まで飲み込んでしまう。半世紀前に起きたチリ地震津波での犠牲者は沿岸部最多の四一人。南三陸町では再び悲劇を繰り返さぬよう、毎年五月に町民総出で津波の防災訓練まで実施していた。

町の入り口の集落に到着したのは午前五時半過ぎだった。緞帳《どんちょう》のような暗闇が明けると、朝靄《あさもや》の中から泥とがれきに覆われたまるで廃墟《はいきょ》のような町並みが姿を現した。万物が形をなくし、色を失っている。かつて記録映画で見た原爆が投下された直後の広島や長崎のような光景が見渡す限り延々と広がっていた。

「なんだ、あれ」

隣で望遠レンズを構えていたカメラマンが海の方角を指さして短く叫んだ。見ると、がれきの山の向こう側からカラフルなゼッケンをつけた男たちがこちらに向かって歩み寄ってきている。

「とりあえず、行ってみましょうか」

カメラマンと一緒にがれきの山を乗り越えて駆け寄ってみると、彼らは町の学校に勤務する教職員たちだった。学校の体育館が住民の避難所になっており、夜明けと共に自衛隊が食料や水などを運んで来てくれることになっているのだが、町中ががれきに覆われていて自衛隊車両が近づけないため、ここから二キロ離れた体育館まで手作業で運ぶのだという。

十数分後、南三陸町の入り口の集落に自衛隊車両が到着すると、教師たちは救援物資を両手で受け取り、先ほど来た道を戻り始めた。

カメラマンは津波で被害を受けた海岸線の写真を撮りに行くと言うので、私はカメラマンとはその場で別れ、教職員たちの後をしばらくついていくことにした。町内は一面がれきに覆われているものの、かつて道路があったとみられる場所には微かに重機が入った跡があり、辛うじて人一人が通れるだけの道のようなものが形成されていた。

三〇分ほど歩いていくと、高台の上に今は避難所になっているという学校の体育館が見えた。高台へと上がる細い階段にさしかかろうとする手前、一行は壊滅した公民館のような建物の脇を抜けた。内部をのぞき込もうとすると、「見ない方がいいですよ」と後ろを歩いていた男性教師に制された。

学校の玄関口では支援物資を仕分けするために数人の女たちが集まっていた。抱えていた支援物資を足元に下ろすと、校舎の裏側から「おーい、手伝ってくれ」と年配の男の呼び声が聞こえた。校舎の裏へと回ってみると、山の斜面に十数人の男たちが列を作っており、何かを手渡しで運び込もうとしているところだった。聞くと、山の向こうに疾患を抱えた高齢者がいるので、尾根伝いに学校に降ろすのだという。

斜面の上ではすでに一人、週刊誌の腕章をつけたカメラマンが無心でシャッターを切っていた。その光景を見て私も無意識に背負っていたリュックから一眼レフカメラを取り出そうとした。

すると次の瞬間、背中にドンと小さくない衝撃を感じた。

「お前、何やってんだよ――」

振り向くと、スーツ姿の初老の男が私を睨《にら》みつけていた。

「こんな所で写真なんか撮ってんじゃねえよ――」

その声に驚いたのか、斜面の上で撮影していた週刊誌のカメラマンが「僕らは記録するためにここに来ているんです」と大きな声で説明し始めた。

その反論が気に入らなかったのだろう、初老の男は今度はカメラマンの方を指さして「何してんだ、おい、お前、ちょっと降りてこい」と罵声を飛ばし、スーツ姿のまま泥だらけの斜面をよじ登ろうとし始めた。二人の教員が慌てて駆け寄り、初老の男を制止した。身なりや周囲の反応を見る限り、男はどうやらこの学校の責任者のようだった。

それが彼自身の性格なのか、あるいは精神を一時的に正常に保てなくなってしまっているのかはわからなかったが、彼は私を睨みつけ、「いいから、お前、手伝えよ」と声を震わせながら怒鳴るように言った。

私は数秒間悩んだが、手にしていた一眼レフをリュックにしまった。こんな状況でレンズを構えても、良い写真など撮れるはずもない。正直に言えば、私は自信が持てなかったのだと思う。自分が正しいことをしているのか、人として間違っていないかどうかということに。

斜面の上から運ばれて来たのは、九〇代とみられる高齢者だった。数人の男たちが背中を使って運びながら、急な斜面を徐々にゆっくりと降ろしていく。高齢者は寝たきりなのだろう。寝間着のような服を着たまま、体にはほとんど力が入っていないように見えた。

私も男たちの列に加わった。最後尾で高齢者を背負うと、パジャマがぐしょぐしょに濡《ぬ》れており、失禁しているのが背中越しにわかった。校舎内の玄関口近くにある「保健室」と呼ばれている部屋へと運ぶと、屋内では特別に石油ストーブが焚《た》かれているらしく、床に敷かれた布団の上には数人の高齢者が寝かされていた。彼らが生きているのか死んでいるのか、一見しただけではわからなかった。そばに付き添っている女性たちは悲しげに両目を伏せたり、窓の外を眺めたりしていた。

「保健室」を出ると、数人の男たちが校舎の脇で立ち話をしていた。私が東京から来た新聞記者だと自己紹介すると、そのうちの一人が学校のすぐ下にある、先ほどは公民館だと思っていた、特別養護老人ホームの入り口へと案内してくれた。かつて中学校があった場所に建てられていたその福祉施設は非常時の避難場所に指定されていたという。中に入ると、泥と潮の匂いが充満していた。

「寒いからまだ良かったんだよ」と男は言った。「暑かったら、もっとひどいことになっていたかもしれない」

施設の床や廊下にはベッドのフレームや医療用具や時計や簡易トイレなどがグチャグチャになって積み重なっており、その間には人体の一部とみられるようなものも挟まっていた。

「回収できないんだよ。今はまだ生きている人が優先だからさ……」

目に見えるすべての物が激しく損壊し、元の形を失っていた。手や足のようにみえるものや、木の枝が突き刺さっている内臓の一部のようなものも見えた。

「一番ひどいのは、たぶん病院だよ」と男は遥《はる》か向こうに見えるコンクリート建ての建物を指さして言った。「学校は高台にあったから無事だったけど、病院はなぜか海沿いの低地に建てられていた……」

腕時計に目をやると午前一一時を回っていた。交通網が寸断されているため、朝刊の締め切り時間は通常の深夜未明から午後四時半へと大幅に前倒しされていた。基地局がやられて携帯電話が使えないため、原稿を送信するためには約三時間かけて仙台総局のある仙台市内まで車で戻らなければならない。

原稿を送るために仙台に戻るか、このまま現場に留まるか――。
私はその日の出稿を諦めることにした。

## 空を見上げて

トレッキングシューズとヘルメットを頼りにがれきの山を越えて、男が教えてくれた海沿いの病院へと向かった。柱や梁《はり》を失った家屋の残骸は、足をかけるとグラグラと揺れたり大きく傾いたりして、思うように前に進めない。市街地ではあらゆるものが破壊され、至る所で原形を留めていない車や家屋が堆積してできた小山のようなものが形成されていた。

二〇分ほど進んだところで流されてきた中型漁船に行く手を阻まれ、完全に身動きがとれなくなった。運良く捜索活動中の消防団が近くを通りかかったので助けを借りてその場を脱出し、その後もしばらく彼らの後ろをついて行くことにした。かつて商店街があったエリアでは、数十本単位で電信柱がなぎ倒されていた。鉄筋がむき出しになった根元の部分には多くのがれきや漁具が引っかかっており、その鉄筋と鉄筋の間には遺体の一部と思われる手や足のようなものが挟まっていた。

「津波は引くとき、川のようになって同じ場所を流れていく」と消防団員の一人が私に教えてくれた。「だから、そこに障害物があると同じ所に引っかかってしまう……」

正午過ぎ、消防団員たちは昼食を取るため避難所に戻るというので、私は彼らに礼を言って一人で病院を目指すことにした。途中、農地だったとみられる場所で三〇代の女性が地面に一人うずくまって泣いているのに遭遇した。声を掛けても、反応がない。不安になってしばらくその場に立ち尽くしていると、女性は私に向かって震える声で話し始めた。

昨日、幼い娘がここで見つかった。泥に埋もれていたのを親類の一人が見つけてくれた。自分がやってあげられたのは、いつも歯磨きのときにしているように、娘を膝の上に寝かせ、口の中の泥をかきだしてあげることだけだった……。

私は黙ってその女性の話を聞いていた。そして次の瞬間、私はなぜか目の前の女性の話を記事にできないかと考え、彼女に名前や年齢を尋ねようとした。

女性は頭を左右に振って抵抗するように激しく泣いた。そんな女性の拒絶反応を見て、私は自分が何をしているのかがわからなくなった。

私は何のためにここに来ている？　一体ここで何をしている？

しばらくすると、女性の父親らしき年配の男が迎えに来て、女性を抱きかかえるようにして連れ去っていった。男は去り際、私に向かってこう言った。「これから体育館に向かいます。行方不明だった家族がもう一人、見つかったみたいですので……」

海沿いの病院にどうやってたどり着いたのか、具体的なことは覚えていない。病院の周辺では制服姿の男たちが数班に分かれて遺体の収容作業のようなものに従事していた。目の前の光景を記録するため、私がカメラを構えようとした瞬間だった。

「お前、許可取ってんのかよ」

背後で火のような声がしたので振り向くと、二〇代前半と思われる若い男が今にも殴りかかってきそうな勢いで私を睨みつけていた。

「黙ってんじゃねえよ、お前、許可取ってんのか聞いてんだよ」

私が小さく頭を下げてその場を立ち去ろうとすると、若い男は私の前に立ちはだかり、

「てめえ、ぶっ飛ばしてやろうか」と全身を震わせながら言った。

そのときだった。

若い男の背後から現場のリーダーらしき人物が突然現れ、私の目の前で若い男を思い切り突き飛ばしたのだ。

予想外の展開に、私は金縛りにあったようにその場で動けなくなった。若い男は何が起きたのかわからないといったような表情で、泥だらけの地面にひれ伏しながらリーダーらしき人物を仰ぎ見ていた。

「すいません」とリーダーらしき人物は私に向かって敵意を剝《む》き出しにしながら謝罪の言葉を述べた。そして左腕に巻いている新聞社の腕章に視線をくれると、有無を言わさ

ぬ態度で「あなたにはあなたの仕事があるでしょう。ただ、こいつらの気持ちもわかってやってください」と一方的に命令した。

私は深々と頭を下げて、押し出されるようにその場を離れた。

背を向けた瞬間、大粒の涙がこぼれ落ちた。

自分はここで一体何をしている？　娘を亡くした母親に名前を聞いたり、遺体を捜索している男たちにカメラを向けたりすることが本当にまともな仕事と言えるのか？　現場では命を救おうと必死で働いている人たちがいる。それを邪魔する行為がジャーナリズムなのだとするならば、ジャーナリズムなんてクソ食らえだ――。

空を見上げると北国の空は何もなかったように晴れ渡り、雲の合間を渡り鳥の群れがゆっくりとV字を組んで飛んで行くのが見えた。

## 宵闇の中の声

その日はそれ以上の取材を諦め、同僚記者たちが集まっているだろう仙台総局にひとまず戻ることにした。

帰り道、がれきの中を歩いていると、背後から「新聞社の方ですか」と小さな声で呼び止められた。振り向くと四〇代後半とみられる男性が私のすぐ後ろに立っていた。

男性は隣の気仙沼《けせんぬま》市の小学校で教頭を務めているのだと私に言った。夕暮れの中、二キロほどの道を寄り添うように一緒に歩いた。南三陸町で生まれ育ち、今は自宅のあるこの町から鉄道で気仙沼市に通勤している、小学校は高台にあり津波の被害はなかったが、通学区域は津波と火災で壊滅し、一一〇人の児童の安否がわかっていない、今は車の中で寝泊まりしながら祈るような気持ちで不明児童や保護者からの連絡を待っているが、それでもやはり妻や近くで暮らす二人の姉のことが気にかかり、校長に頼んで半日休みをもらって南三陸町に捜索に来た……。

「自宅は跡形もありませんでした。妻はヘリコプターで病院に搬送されたようです。姉二人については安否がまったくわからないままで……」

宵闇の中で教頭の声が震えているのがわかった。

# 第二章

# 社会部員たちとの夜

# 女川のルポルタージュ

震災取材の前線基地となった仙台総局に入ると、編集フロアではかつて東京社会部の司法クラブで一緒だった先輩記者の岩田清隆《きよたか》が鉄火場《てつかば》のような現場を取り仕切っていた。東京や大阪などの各本社や全国の総支局から送り込まれてきた約六〇人の記者に明日取り組むべき取材を振り分け、出された原稿を手直ししてデスクへと送り込んでいる。

交通網が寸断されて印刷された新聞が東北地方に届かないため、編集フロアの壁にはその日発行された特別号外のゲラ刷りのコピーが乱雑に貼り出されていた。そこには現場の凄絶な空撮写真と共に、事件記者として知られる松川敦志《あつし》のルポルタージュが紙面のほぼ全面を埋めるような形で掲載されていた。

舞台は「女川《おながわ》」。私の二歳年上の松川は発生直後にヘリコプターで福島県内に入った後、被災者の車に乗せてもらいながら宮城県を北上し、最後は徒歩で女川町に入ったらしかった。

「女川？」と私はそのルポルタージュを読んで訝《いぶか》った。宮城県での勤務経験がある私にとって、女川といえばまず原発であり、津波については一度も耳にしたことがない場所だった。津波の危険性がある場所には原発は造られないと考えていたし、だからもし、発生直後に「女川に行け」と上司に命じられても、私は先入観からそこには行かなかっただろう。しかし、松川の記事を読む限り、確かに女川は壊滅している。

私は松川のルポルタージュを何度も読み返しながら、壁に貼られた特別号外をぐしゃぐしゃに丸めて床にたたきつけたいような衝動に駆られた。

ここまで違うのか、と胸が張り裂けそうだった。半日ばかり現場に早く入ったという若干のアドバンテージはあるにせよ、彼と私が最前線で目にした光景はきっとそれほど変わらないものであるはずだった。なのに、それらを経て立ち上がっているものがここまで違う。私とほぼ同年代の記者が同じような現場に立ち、その情景をここまで忠実に文字化できるということが正直羨ましかったし、そうできない自分が何より許せなかった。

午前零時をまわる頃、編集フロアでは「午前会議」が招集された。デスクを中心に詰めかけている約六〇人の記者が総立ちとなり、明日以降の紙面計画や取材方針について話し合う。四〇分ほどで会議が終わると、応援記者のほとんどが指定された宿へと引きあげていったが、社会部から派遣されてきている五、六人の記者たちだけは午前二時を過ぎても編集フロアに居残ってパソコンで原稿を書き続けていた。私は先ほど読んだ松川のルポルタージュが頭から離れず、その日目にした光景をなんとか文章に起こそうと試みたものの、結局一本もまとめることができずに会社が用意した最終便のタクシーに疲れた身体を押し込んだ。

会社が確保した宿泊施設は、重油でボイラーを回しているので電気がなくても風呂に入れるという、極めて有益な利点を抱えた古旅館だった。玄関口に貼り出された部屋割り表を見てみると、運悪く社会部から派遣されてきた四人の社会部記者たちと同室だった。岩田や松川の名前も並んでいる。

荷物を下ろし、数十人分の汗と脂でどろどろになった風呂から上がると、部屋では同室者たちが缶ビールを持って私の到着を待ち受けていた。

「コンビニや商店は閉まっているが、旅館の自動販売機は使えるらしい。これが最後のビールだそうだ」

私は一瞬不謹慎ではないかと思ったが、精神的にも肉体的にもすぐには眠れそうになかったので、小さく会釈をしてから缶ビールを受け取った。

それから我々は午前四時半までビールを飲んだ。交わした話題はその日目にした凄惨な現場や今後の取材方針についてではなく、女についてだった。誰もが見てきたばかりの凄絶な光景を脳裏から消し去ろうと必死だったのだと思う。主に松川が馬鹿話をリードし、まわりもそれに応じていた。どんなにビールを飲んでも眠くならなかったし、たとえ布団に入っても眠れそうになかった。午前三時半を過ぎた頃、隣の部屋で眠るデスク連中が「早く寝ろ」と壁を足で蹴り鳴らす音が聞こえたが、我々は無視して話を続けた。

目覚まし時計を午前六時にセットして、布団に入ったのは午前四時半を過ぎていた。睡眠時間一時間半だけで、翌朝は全員が午前六時過ぎに古旅館を飛び出していった。翌日も、その次の日も、我々は午前四時半まで話をし、午前六時過ぎに古旅館を出て現場へと向かった。

そんな日々が実に四日間も続いたが、不思議なことに私は少しも疲れなかった。

## 少年と自動販売機

三月一四日は午前九時に南三陸町に入った。

途中、仙台総局で受けとった総菜パンと牛乳を現場に向かう社有車の中で口にしながら、私は昨夜古旅館で社会部員たちと同室になれた幸運に心のどこかで感謝していた。直接話題には上らなかったものの、誰もが凄絶な現場に直面して心をすりつぶされそうになっていることが手に取るように伝わってきた。彼らは決して「書いて」いるのではない。現実を強引に自分の胃袋へと押し込んで、それらを無理やり「吐き出して」いるのだ。

前日同様、南三陸町の入り口で車を降りると、沿岸部へと続く約四キロの道をカメラをぶら下げて一人歩いた。途中、道から遠く離れたがれきの中を、四人組の少年たちが金属バットのようなものを振り回しながら徘徊《はいかい》しているのが見えた。周囲を眺めるふりをして彼らの行動を目の端で追っていると、少年たちは堆積したがれきの中から清涼飲料水の自動販売機を掘り起こし、周囲に落ちているコンクリートブロックのようなものを使って鉄製の扉をこじ開け始めた。

「戦利品、ゲット」

少年たちはそう小さく叫ぶと壊れた自動販売機の中から缶ジュースを取り出し、手にしていたビニール袋の中へと押し込み始めた。そして商品をすべて回収し終えると、がれきの道をゆっくりと戻り始めた。

私は彼らの後をしばらくついて行くことにした。彼らが向かったのは避難所になっている学校の体育館だった。入り口に到着すると、彼らはまず段ボールの上で横になっていた高齢者にウーロン茶や栄養ドリンクの瓶を配り、最後に残っていたミルク入りの缶コーヒーをトイレの掃除をしていた同級生らしき二人組の少女に手渡した。そして一通り「戦利品」を配り終えてしまうと、体育館の床にべたんと座り、満足そうに支援物資のパンにかじりつき始めた。

私は目にした現実をどう解釈すればいいのか、しばらくの間考え込んでしまった。自動販売機を破壊して商品を奪うという行為は、たとえそれが災害発生時であっても決して許される行為ではないように思えたし（そのときはすでに支援物資の配給が始まっていた）、他方、誰かの力になりたいと思う少年たちの行為を全否定することは難しそうだった。

すると、少年の一人が私の方へと歩み寄り、缶コーヒーを差し出してこう言ったのだ。

「これ、どうっすか？　俺たちコーヒー飲まないんで」

## 津波の誤報

避難所となっている学校を離れた後、私は再びがれきの上を渡り歩いて病院のある沿岸部へと向かった。前日、病院の情景を確かめもせずに引き返してきてしまったことを心のどこかで後悔していた。だからもし可能であるならば、病院の周辺で遺体の収容作業にあたっている男たちに正式に取材を申し込んだ上で話を聞けないだろうかと考えていた。意義がある、意義がない、という問題はとりあえず後回しにしておいて、今現場で起きている出来事をしっかりと第三者の目で記録する。それは職業記者にしかできないことであるはずだったし、この被災地で私に唯一できることでもあった。

ところが、いくつかのがれきの山を乗り越え、海辺の病院まであと数百メートルの所まで来たとき、内陸の方から小さなブザー音に混じって誰かが大声で叫んでいるのが聞こえた。音の方角を振り返ってみると、五〇〇メートルほど離れた高台にある学校の校庭で自衛隊員が横一列に並び、こちらに向かって大きく両手を振っているのが見えた。顔を向けると、彼らは慌てて電気拡声機のブザーを止め、音声モードに切り替えて大声で叫んだ。

「津波が来てるぞ！　上がれ！　上がれ！」

その言葉の意味を理解したとき、私は体が硬直して動けなくなった。

そのとき、私は海辺から一五〇メートルほど離れたがれきの上に立っていた。警報を伝える防災無線用スピーカーはすべて津波で流失しており、防波堤や防潮堤も崩壊している。この状況で津波が沖合から襲来すれば、すべてが一発で飲み込まれてしまう。

「マジかよ……」

私は咄嗟《とっさ》に周囲を見渡し、少しでも生き残れる道を模索した。万一津波に飲み込まれても長く海面に浮いていられるよう、近くに落ちていた魚市場で使われている青色の大型プラスチックケースを拾い上げ、高台に建てられている学校に向かって一直線に走った。

息を切らせて走りながら、私の頭の中を「二次遭難」という忌々《いまいま》しい文句がぐるぐると巡った。救援者や救済者の二次遭難であればまだ理由がつくかもしれない。だが多くの人々が生死の境を彷徨《さまよ》っているこの津波被災地の最前線で今、報道関係者が二次遭難すれば、本来不必要であるはずの救援や治療に多くの人員や物資が割かれてしまう。それは報道に携わる人間が絶対に避けたいと思っていることの一つだったし、だから私もたとえ自分が命を落とすことになったとしても、それが二次遭難と見なされることだけはどうしても避けたいと心底思った。

高台にある学校の校庭を見上げると、依然、自衛隊員たちが激しく両手を振りながら「上がれ！　上がれ！」と連呼していた。私は持てる力を振り絞り、時折四つん這いになりながら泥の中を全力で走った。二〇〇メートルほど進んだところで、同じく逃げ遅れ、高台を目指して必死に走っている数人のテレビクルーが視界に入った。自衛隊員におぶわれながら学校へと運ばれていく高齢者の姿も見える。

次の瞬間、校庭上の電気拡声機がひときわ大きな叫び声を上げた。

「津波到着！　高さ五メートル！」

五メートル！

私は恐怖に戦きながら、恐る恐る背後を振り返った。幸い海はまだ盛り上がっておらず、津波は南三陸町の沖合には到達していないようだった。一瞬、近くに積み重なっているがれきの山の上によじ登った方が安全なのではないかと考えたが、すぐに思い留まってやめた。もし津波の高さが五メートルを超えていたら、「山」は完全に水没してしまうし、たとえ津波の高さがそれ以下だったとしても、すでにグラグラしているがれきの山では津波の水圧に耐えきれないだろう。

手足がどんどん重くなり、途中で肺がすり切れそうになったが、私は死にたくないという一心で泥の中を必死に走った。

十数分後、転がり込むようにして高台にある学校の校庭にたどり着いたとき、私は箱根駅伝を走り終えた長距離ランナーのように、何人かの自衛隊員たちに毛布で抱きかかえられながらそのまま通学路の上に寝かされた。三、四人の地域住民に混じり、がれきの中を一緒に走って逃げてきたテレビクルーたちも毛布にくるまって横たわっていた。

校庭に集まっていた自衛隊員たちは長い間混乱していた。無線やラジオが津波の到達を伝えているにもかかわらず、実際の海からは津波の影すら見ることができない。

それが誤報であると判明したのは約三〇分後のことだった。自衛隊員からその事実を告げられた私は、誤報を流した誰かに激怒するのではなく、それが誤報であってくれたことを見知らぬ誰かに感謝していた。「津波が来ている」という第一報を聞いたとき、私はそれまでの知識や経験から「助からないかもしれない」と心のどこかで覚悟した。そして「死にたくない」と思う一方で、「記者として二次遭難という形で自らの生を終わらせたくない」という外見的な体裁をひどく気にした。通学路に敷かれた毛布の上で横になりながら、私は自分という人間の本質をこの十数分の間に嫌と言うほど見せつけられたような気がした。

その夜、仙台総局で開かれた「午前会議」は大いに荒れた。沿岸部に散っていた多くの取材記者たちが誤報騒動に巻き込まれ、私と同じく現場を必死に逃げ惑っていた。加えて、その日は東京電力福島第一原発の三号機が水素爆発し、周囲に大量の放射性物質が飛散したにもかかわらず、沿岸部で取材にあたっていた多くの記者がそれらの事実を覚知できていなかったことが会議の大きな火種になった。会社が貸与している衛星携帯は数が極めて限られており、それらを持たされているのは映像の送信が必須なカメラマンたちだけだった。取材記者たちは一度被災地に入ってしまえば、日が暮れて仙台総局に上がってくるまでの間、情報を一切入手することができなかったのだ。会社側は当時まだ、現場の記者に放射線検出器やヨウ素剤はもちろん、携帯ラジオさえも配布できていなかった。

批判の矛先は現場の責任者である仙台総局の総局長へと向けられた。

「十分気をつけて取材をしろと言うが、現場では情報が取れないのに、どうやって気をつけければいいんだ！」

「これじゃあ、裸で火災現場に突っ込めと言われているのと同じじゃないか！」

社会部記者たちが代わる代わる挙手をして、政治部出身の総局長を厳しく糾弾し始めた。会議は不正経理事件を引き起こした企業の釈明会見のようになり、総局長は防戦一方のなかで「早急に携帯ラジオを準備し、準備ができ次第配布する」と約束してその日の会議を打ち切った。

一方、私はと言えば、その会議中、会社の姿勢を徹底的に糾明《きゅうめい》しようという社会部記者たちの姿勢に強く共感しながらも、彼らの主張に一定の「危うさ」が秘められていることを心のどこかで危惧してもいた。記者が現場で十分に安全を確保できない責任を雇用者である新聞社側に厳しく追及していく行為は、一見正当な権利であるように見える。でも一方で、それらの論理に縛られすぎると、本来は個として存在すべきはずのジャーナリストの領域が新聞社という組織によって確実に侵蝕《しんしょく》されていく。

例えば、もし一人ひとりが個として存在しているフリーランスのライターだったら、通信機器も携帯ラジオも持参することなく、不用意に津波の被災地に入ったりするだろうか。すべての物事が想定外で起きている被災地において、最終的には自分の身は自分で守らなければならないことは、職業記者であれば誰もが十分に熟知しているはずのことなのだ。もしあれが誤報ではなく、実際に防潮堤のない沿岸部に巨大な津波が押し寄せていたとしたら……。

最低限の装備さえ持たずに沿岸部に飛び込み、誤報騒動によって惨めに逃げ回った記者があまりにも多かったというその事実こそが、私にはこの国の「ジャーナリズム」の脆弱《ぜいじやく》さを示す一つの証拠であるようにさえ感じられた。

## 海辺のフリースクール

その後も数日間、南三陸町に通い続けたが、結局、まともな原稿は一本も書けなかった。

私はそれまでどちらかというとルポルタージュやヒューマンドラマといった「人」に焦点をあてた原稿を得意としてきたが、どれほど取材を続けても、誰に焦点を絞ればいいのか、何をテーマに動き出せばいいのか、そのヒントすらもつかめなかった。

私は悩んだ末に南三陸町での取材にはいったん見切りをつけ、やはり壊滅的な被害を受けていた東松島市《ひがしまつしま》へと取材場所を移すことにした。そこには駆け出し時代にお世話になった知人が暮らしているはずだった。学校に通えない子どもたちが暮らすフリースクールのスタッフや入居者たちで、施設は湾の防潮堤に寄り添うように建てられており、震災後は一切連絡が取れなくなっていた。

私が彼らと出会ったのは二〇〇三年秋だった。フリースクールを主宰する飴屋《あめや》善敏《よしとし》が当時、仙台総局の近くで「有頂天《うちょうてん》」という名のラーメン店を営んでおり、偶然、私がその店を訪れたのがきっかけだった。

そこは「行く度に味が違う」という奇妙なラーメン店だった。前回頼んだ中華そばがさっぱりとしていて美味《おい》しかったので、同じものを注文すると前回とはまったくの別物が出されたりする。

「『生き物』から作っているからですよ」と飴屋はカウンターの中で嬉《うれ》しそうにその理由を説明してくれた。「鶏も野菜もみんな『生き物』だ。季節が変われば『生き物』の味も変わる。疑問に思う方がおかしいですよ」

店内を見渡してみると、表情に陰を持った少年たちが忙しそうにラーメンを運んだり、流しで皿を洗ったりしていた。飴屋は少年たちに柔らかな視線を向けながら、実は彼らは学校に通えない不登校児たちで、店はそもそも彼らに社会参加の機会を与えるために半年前に開いたものなのだと教えてくれた。

その日をきっかけに、私は飴屋が東松島市で運営する「創《つく》る村」という名のフリースクールに通い続けた。

飴屋は不思議な人間的魅力と特異な経歴を兼ね備えた人物だった。国立《くにたち》音大を卒業後、神奈川県で最もガラの悪いと言われた高校の音楽教師になると、暴走族のメンバーを一人ずつ吹奏楽部に勧誘し、彼らにトランペットやバイオリンを教え始めた。数年後、学校経営陣と対立して教員を辞めると、今度は近くの空き地に学校に通えない子どもたちを集め、音楽と遊びを通じた教育の実践に取り組み始めた。「均一的な教育からは均一的な人間しか生まれない」というのが彼の持論であり、「天才」たちにわずかな抜け道を残してやることが彼の人生の最大のテーマらしかった。

四八歳で宮城教育大学の助教授として招聘《しようへい》されると、彼は東京で知り合った不登校児たちを引き連れて県立公園内の湾に浮かぶ小島へと渡り、島の廃屋を改造して不登校児たちと一緒に暮らし始めた。「授業科目は大自然」をモットーに子どもたちを海で泳がせ、自らの手で料理を作り、星空の下で歌わせる。県立公園内の島に勝手に移住し、そこで子どもたちと一緒に生活を送るといった教育手法は、今振り返ってみれば法律や倫理に抵触しそうな行為ではあったが、それによって学校に通えなかった少年たちがその後、大学教授になったり、東京の出版社で編集者になったりしていることが、飴屋のささやかな誇りでもあった。

その後、施設は湾内の小島から東松島市の沿岸部へと住所を移し、私が施設を訪ねたときには彼らは湾の防潮堤のすぐそばに自力で地上二階地下一階のログハウスを建てて生活していた。

初めてその建物に足を踏み入れたとき、私は少年時代に戻ったような興奮を覚えた。ログハウスは子どもたちの発案をもとに設計されており、一階の食堂から地下のダンスホールへと下りる「階段」が滑り台になっていたり、屋根からつり下げられている「天板」を下ろすとロビーの半分がピアノを中心としたコンサートホールになったりする。建物のあちこちに「忍者屋敷」のような仕掛けがちりばめられていた。

私は彼らの活動を三カ月間取材して計八回の連載記事として宮城県版に掲載した。不登校児たちとの交流はその後も続き、初任地を離れた後も私がカヌーを担いで松島湾を訪れる度に彼らは海に潜ってカキやワカメの海鮮鍋を振る舞ってくれたり、私の結婚式の際にはスクールの子どもたちが総出で東京の式場に駆け付け、見事な合唱を披露してくれたりした。

飴屋が大学を定年退官した後は多少経営が苦しくなっていたものの、その春には成人した入居者たちが敷地内に近代的な二階建てを建設し、高齢者向けのデイサービスを始める予定になっていた。

彼らは今どうしているだろう――。

そのときはまだ、私は彼らが当然近くの体育館に避難しているものだと思い込んでいた。

温かい雪

東松島市に到着すると、通い慣れたはずの街はかつての面影を完全に失っていた。フリースクールの建物は松島湾とＪＲ仙石《せんせき》線の線路の間のわずかな敷地に建てられていたが、東松島市の街は見渡す限り倒壊した防砂林と家屋のがれきに覆われて、自分がどこにいるのかさえわからない。私はとりあえず車で東松島市の野蒜《のびる》駅まで行き、そこから線路の上を歩いてフリースクールに向かうことにした。

その日は早朝から降り続いていた雨が正午近くに雪へと変わった。気持ちが悪いほど、生温かさを含んだ雪だった。私はリュックの中から登山用ヤッケを取り出し、それを頭からすっぽりとかぶると、無意味だとわかっていながら、前日会社から「放射線対策グッズ」として配布された風邪防止用のガーゼのマスクを着け、定価一〇〇円の薄いビニール製のレインコートをヤッケの上から羽織った。

「竹槍《たけやり》だな……」と雪の中で意識的にそうつぶやいてみた。

震災前、私は戦時中に日本が中国東北部に作った満州国《まんしゆうこく》の最高学府をテーマにした取材を続けていた。一九三九年にソ連軍と日本軍との間で起きたノモンハン事件の生存者にもインタビューを実施し、「俺たちはソ連軍の機械化された戦車部隊に『竹槍』で突っ込んだんだ」というような話をよく耳にした。もちろん「竹槍」というのは彼らなりの比喩であり、日本軍の兵士たちは圧倒的な装備の差に直面しながらも、ソ連軍のＢＴ戦車に地雷を抱えて突っ込んだり、戦車の砲身にカエルのように張り付いて車体の隙間から手榴弾《しゅりゅうだん》を投げ込んだりして、まさに鉄の塊に素手同然で立ち向かったらしかった。

でも、ふと立ち止まって考えてみると、当時と今でどれだけ状況に差があるのかについては甚だ疑問だった。核分裂という人間の手では制御できない化け物に対し、この国の為政者たちは今、まるで小学生が朝顔にジョウロで水をかけるように自衛隊機で空から海水を注いでいる。もちろん、私自身も他人を笑える状況にはまったくなかった。大学、大学院と計六年間も化学を学び、上空に大量の放射性物質が舞っているのを知っていながら、有効な防御手段を取ることもできず、退避する勇気も持てずに、風邪防止用のマスクと一〇〇円のレインコートとでわずかに身を守っているに過ぎない。私は学生時代に読んだチェルノブイリ原発事故の関連書の内容を思い出し、すでに妻が子どもを産んでくれていて良かったと思った。そしてすぐに、この放射性物質を含んだ雲が遠く関東にまで広がっていることに気づき、すでに娘を持ってしまったことを心の中で深く後悔したりした。

東松島市の市街地は南三陸町と比べても遥かに歩きにくかった。海岸沿いの防砂林が津波で激しく倒壊し、それらの残骸が町中を埋め尽くしている。線路の上を進もうと思っても、所々でレールがジェットコースターのようにねじ曲がっていたり、レール自体が切断されてどこかに流失してしまったりしていて、注意深く歩いていてもすぐにどこが線路なのかわからなくなるのだ。

いくつものがれきを乗り越え、「く」の字に曲がった巨大な鉄の塊が目に飛び込んできたとき、私はすぐにはそれが鉄道の車両だとは気づけなかった。車両は津波の直撃を受けて線路から脱線したらしく、先頭が大きくねじ曲げられたまま近くの民家に突っ込んでいた。周辺で遺体の捜索をしていた消防団員に声を掛けると、この近くにはもう住んでいる人は残っていないという。

「人を捜しているのであれば、避難所になっている野蒜小学校に行くといい」

私は指示された近隣の小学校まで歩いて向かうことにした。

## 野蒜小学校

避難所に指定されていた野蒜小学校もやはり津波に襲われていた。校舎の一階部分には無数のがれきや複数の車が突き刺さっており、二階や三階も泥だらけだった。詰め所にいた消防団員に「フリースクールの子どもたちを見ませんでしたか」と尋ねると、「体育館にいる人たちでは」と案内された。

体育館に入ったとき、私は思わず意識を失いそうになってしまった。泥で埋まった体育館の床には五〇体を超えていそうな遺体が不規則に横たえられており、遺族と見られる人々がその横で寄り添うように泣き崩れていた。

入り口近くで見張り番をしていた消防団員に尋ねると、自分もここで母親を亡くした、地震発生後、避難所となっていたこの体育館には地区の住民が多数逃げ込んできた、そこに体育館のドアを破って津波が押し寄せ、人々はまるで洗濯機に投げ込まれたようにグルグルと渦のなかに飲み込まれていった、と無表情に語った。

「お知り合いを見つけられそうですか」と消防団員に聞かれ、私は呆然《ぼうぜん》となりながら首を振った。

「いるかもしれないけれど、ちょっと私には見つけられない」

そう答えるのが、精いっぱいだった。


その夜、仙台総局に戻って先輩記者の岩田清隆にその日見た東松島市の光景を伝えると、岩田は脱線車両の話に関心を示し、「その電車に乗っていた人たちがその後どうなったのか、壊れた列車の写真と一緒に記事にしよう」と入社一年目の新人記者を取材のサポートにつけてくれた。色白で一見華奢《きゃしゃ》に見えたその新人記者は神経質そうにお辞儀をすると、私に尋ねた。

「僕は何をすればいいですか？」

私は歪《ゆが》んだレールや折れた車両の写真をパソコン上に映し出し、「きっとこの周囲の避難所にはこの列車に乗っていた人たちがいる。列車内で当時何が起きたのか、その内容を取材してきてくれないか」と彼に頼んだ。

「わかりました……」と新人記者は曖昧な返事を残して編集フロアを飛び出して行った。

正直、期待はしていなかった。混乱を極める被災地の避難所で、多くの被災者の中から特定の経験をした人物を捜し出すのはベテラン記者でも難しい。たとえうまくいかなかったとしても、新人にとってはいい経験になるし、うまくすれば、今後の取材の糸口につながるような話を聞けるかもしれないと考えていた。

## 再会

翌日も早朝からフリースクールの捜索に向かった。午後、野蒜駅の前でがれきの撤去作業をしていた自衛隊員がフリースクール近くの防潮堤の様子を見に行くというので、途中までジープに乗せてもらった。ジープを降りて泥のぬかるみの中を歩んでいると、見覚えのある建物が遠くに見えた。

あれだ……。

がれきに囲まれて建っている廃墟のような建物が、何度も通ったフリースクールの施設の陰影と一致した。乗用車が逆さまになって突っ込んではいるものの、辛うじて原形を留めてはいる。

慌てて駆け出した瞬間、建物の方から聞き覚えのある声が響いた。

「おーい、おーい」

目を凝らしてよく見てみると、半壊した建物の二階から懐かしい顔が手を振っている。

「おーい、三浦さ〜ん」

マジかよ……。

大急ぎで建物へと駆け寄ると、施設の一階部分は壊滅しており、表玄関からは入れなかった。裏口に回ると、建築作業用のはしごが二階のベランダへと渡されており、それをよじ登って建物の中へと飛び込んだ。

「みんな無事か？」

「無事です」

屋内に入ると、懐かしい面々が子犬のように飛びかかってきた。

「お前ら……」と私は彼らに声を掛けたかったが、すぐに涙で目の前が見えなくなった。

「施設がこんなに壊れているというのに……」

私は手を引かれるようにして部屋の中へと入った。外では雪が降っていたが、室内は映画館のように暖かく、テーブル上では汁物の湯気が立ち上っている。完全な孤立状態に陥っているはずなのに、彼らがなぜ普通に生活を送れているのか不思議だった。

「いつもどおり、海からですよ」とフリースクールを主宰する飴屋は私に向かって得意げに言った。転覆船からガソリンを抜き取って発電機を回し、廃材を燃やして暖をとる。沢水を使って備蓄用の米を炊き、ボラを釣って食べています……。

「そんなことより、今回、子どもたちは随分と成長しましたよ」と飴屋は施設で暮らす不登校児たちの「武勇伝」を一人ひとり時間を掛けて語ってくれた。

一七歳の鈴太郎は地震の直後、「海の水が引いたぞ」と声を上げ、入所者たちを急いでスクール二階に招き上げていた。集落に津波が押し寄せ、近所の女性が流され始めると、二三歳の善太はとっさに手を伸ばし、女性の腕をつかんでスクールの中へと引きずり上げた。

日が暮れそうになったとき、二八歳の淳英は防潮堤の向こう側で女性の声がするのを聞いた。見ると、三〇〇メートル先の岩場の縁に顔見知りの郵便局員が必死でしがみついている。善太は職員の舟山と一緒に荒れた海面にスクール所有の手こぎボートを降ろし、二人でその中に乗り込んだ。オールが見あたらなかったので、雪かき用のシャベルを使って女性の声がする方角へと津波の海を必死に漕《こ》いだ。

救助した女性は左太ももに深さ数センチの穴が開き、すでに意識を失っていた。一五歳の李生子はスクールの四人の女性スタッフたちと共に一晩中、女性の体をさすって温め続けた。翌朝、女性が意識を取り戻すと、彼らはさらに逃げ遅れた人を探そうと、周囲の家を訪ね回った。住宅の二階や車の中に取り残されていた男女六人を救出し、スクールに招き入れて暖と食事を分け与え続けた——。

フリースクールはほぼ壊滅状態で所有していた七台の車もすべて海に流出していたが、飴屋は「物なんてどうでもいいんです」と清々《すがすが》しい表情で私に言った。「今回の震災で命がどれほど大切なものか、子どもたちはしっかり学んでくれたと思うんです。津波を食らっても、ここからは一人も犠牲者が出なかった。それだけでも、これまで苦労してきた甲斐《かい》があったというもんです」


仙台総局に戻り、東松島市のフリースクールの入居者たちの話を原稿にまとめていると、昨夜取材を依頼した新人記者が興奮した様子で駆け込んできた。

「一人いました。当日の電車に乗っていた人。話を聞くことができました」

新人記者は前夜私に言われたとおり、一日中周囲の避難所を歩き回ってなんとか壊滅した車両に乗っていた乗客を見つけ出したようだった。呼吸を落ちつかせてから話を聞くと、乗客らは車両の長いすを外してベッドにし、そこに津波で流されてきた人などを寝かせて、持っていた弁当やお土産などをみんなで分け合って夜を凌《しの》いだらしかった。

私は彼に頼んで取材内容を簡単なメモにしてもらい、それを取り込んですぐさま長文の原稿を岩田へと託した。

原稿は三月一九日付夕刊一面のほぼ全面を使って掲載された。

〈現場近くの野蒜駅では地震発生時、二本の電車が出発したばかりだった。仙台方面行きは乗客が避難した後、津波で「くの字」に大きくねじ曲がって大破。石巻方面行きの乗客は車内で一晩明かした。二本の電車の乗客は計約一一〇人。あの日、仙石線で何が起きたのか――〉

新人記者の取材に大部分を依拠した、それが私の初めての「震災記事」だった。

## 職員室の晩餐

その後もしばらく津波被災地の最前線に残り、現場を回って数本の記事を執筆した。帰任命令が出たのは三月二七日の夜だった。受けるかどうか迷ったが、周囲を見渡し、結局は上司の指示に従うことにした。現場に入ってから約二週間。気がつくと誰よりも長く被災地にいた。

最終日、半日ほど時間ができたので、私は取材初日に南三陸町で出会った教頭の勤務先を訪ねてみることにした。気仙沼市の沿岸部にある小学校の職員室のドアを叩くと、教頭は「えっ、本当にあのときの?」と驚いた表情で大げさに私に抱きついてきた。

「まるで夢のようだな。あのときの記者さんが本当に訪ねて来てくれるなんて」

教頭は石油ストーブのそばにパイプいすを広げると、給湯室から急須と二人分の湯飲みを運んできてくれた。湯気の向こう側に浮かんだ顔は、あの日から何年も時が経過してしまったかのようにひどくやつれて年老いて見えた。聞くと、小学校は震災後に遺体安置場になったため、今は凍《こご》える保健室で寝泊まりしながら一人で電話番を続けているのだという。

「そうだ、今夜は私がごちそうしよう」

教頭は嬉しそうにそう言うと、職員室の奥にある倉庫からサンマの缶詰を取り出してきて、愛《いと》おしそうに石油ストーブの上に載せた。

「これが今の私にとっては一番のごちそうでね」

給湯室で炊いた水気の多い白米を紙皿に盛り、たった一つの缶詰を二人でつついた。犠牲となった教え子の数など、聞きたいことはいくつもあったが、教頭があまりにもおいしそうにサンマを食べるので、しばらくは会話を控えることにした。

「今、一番気に掛けていることは何ですか」

食事の最後にそう尋ねると、教頭は少し悩んでから小さく答えた。

「本当に多くの人が亡くなりましたからね。子どもたちは大事な親類やふるさとを失った。この巨大な喪失感のなかで、今後どうやって『生きる』ことの意味を教えていくか。これだけの数の『死』を彼らは引き受けていかなければならないのですから……」

最終日、仙台空港が津波の被害で使えなかったため、私は隣県の山形空港から妊娠中の妻が急遽《きゅうきょ》里帰りしている大阪・伊丹《いたみ》空港へと向かった。山形空港のロビーは防災服姿の政府関係者や自衛隊員、消防士たちであふれかえっていた。彼らの緊迫した表情を見ながら、私はこの国では今一体何が起きているのだろうと思った。

無駄を恐れてはいけない、無駄を軽蔑してはいけない、と作家開高健《かいこうたけし》は言った。何が無駄で、何が無駄でないのか、最後までわからないのだから、と。だとするならば、この現実を私は今、どう受け止めればいいのだろう？

飛行機が滑走路を離陸した瞬間、私は急に何かを書き残したくなってノート型パソコンの電源を入れた。キーボードに触れると、滞在中にはあれほど文章にならなかった思いが指先から一気にあふれ出てきて、まとまりのない文章となって画面上に並んだ。誰かに向かって書いたわけでも、出稿の予定があるわけでもない。自分のために書いたとりとめのない文章だった。

一〇〇行程度の原稿ができ上がったとき、私は強烈な睡魔に襲われ、気がつくとそのまま深く寝入ってしまった。わずかな降下で目を覚ますと、眼下には何一つ変化のない、関西の街が広がっていた。

ほんの数週間前までの世界がずいぶん遠い昔の出来事であるように思えた。

妻と娘はどうしているだろう、と私はぼんやりとした頭で考えた。

# 第三章
# 赴任命令

## 社会部長からの電話

大阪・伊丹空港で妻や娘と再会した後、私は妻が事前に予約を入れていた兵庫県・有《あり》馬《ま》温泉の旅館で二泊三日の臨時休暇を家族で過ごした。旅館のフロントでチェックインを済ませて部屋へと案内される途中、館内の売店でお年寄りが孫に手を引かれてお土産を選んでいたり、奥の食堂で家族連れが楽しそうに夕食を囲んでいたりするのが見えた。そんなどこにでもある温泉旅館の風景が、そのときの私にはなぜかとてつもなく異常な光景として映った。彼らは今、日本で何が起きているのか理解していないのか、東北で暮らす人々の痛みを分かち合うだけの想像力を持ち合わせていないのか。そんな場違いな憤りを感じ、軽いめまいのようなものさえ覚えた。もちろん、私は自分が間違っていることを知っていた。外国には「People are strange, if you are strange.」（あなたがおかしいと、周りの人がおかしく見える）という言い回しがある。おかしいのは「彼ら」ではない。きっと「私」の方なのだ。

部屋に入って荷物を降ろすと、妻と娘を連れて温泉に出掛けた。浴衣を脱いで浴槽に頭と体を沈めてみたが、脳裏に浮かんでくるのはやはり被災地の現場やそこで出会った人々のことばかりだった。風呂から上がると、脱衣場の旧式の小型テレビは途切れることなく原発や被災地のニュースを報じていた。私はもちろんそれらのニュースが気にはなったが、この旅館にいる間だけはそれらについてはできるだけ考えないことにした。私がここでまずなすべきことは、身体の調子をいち早く元の状態に戻し、それを家族に見せることだった。妻や娘や私の両親は、私が被災地で見てきた光景によって精神に異常をきたしてしまうのではないかと心配していた。

二泊三日の休暇を終えて東京に戻ると、震災前と変わらない日常が待ち受けていた。勤務先の立川支局に顔を見せると、はじめこそ同僚たちから事情聴取のような歓待を受けたが、首都圏も依然混乱状態にあり、すぐに日々のゴタゴタに組み込まれていった。

毎日が苦痛だったと言えば、多分に生意気に聞こえるかもしれない。でも、震災前と何一つ変わらない西東京のオフィス街の一角で、当時予定されていた東京西部での計画停電や多摩地区における上水道の放射能汚染の状況などを電話で取材していると、ふと、「あのとき、命令を無視してでも、現場に居続けるべきではなかったか」という後悔の念が胸に込み上げてくるのもまた事実だった。時が過ぎると、新聞を開くことさえ苦痛になった。紙面は被災地の惨状を伝える同僚たちの記事で埋め尽くされている。自分はここで何をしているのか、何のために新聞記者になったのか。考えるだけで、呼吸がしづらくなるほどの息苦しさを覚えた。

帰任から約一週間が過ぎたとき、私が大阪行きの飛行機の中で書いた一〇〇行ほどの文章が全国版のオピニオン面に載った。

直後、その掲載記事を読んだ直属の上司である社会部長から携帯電話に連絡が入った。

「断っても構わないんだが」と社会部長はあらかじめ前置きした上で私に言った。「被災地に赴任してみないか？　場所はどこでもいい。一年間、被災地で思い切りルポを書いてみないか」

「どこでもいいんですか？」

「ああ、被災地ならどこでもいい」

「期間は？」

「正式には五月一〇日付だが、できればその前、ゴールデンウィーク中に入ってほしい」

私が所属する朝日新聞社では異動は一カ月前に社内開示され、その半月前までに本人に内示されることになっている。カレンダーを見るとすでに四月は下旬にさしかかっており、着任日まではほとんどの日がゴールデンウィークで赤く塗りつぶされていた。未定の赴任先と二週間前の本人内示。どれもが聞いたことのない人事だったが、私は「一晩考えさせてください」と伝えて電話を切った。

その夜、私は半ば決定事項のように被災地への赴任を妻に伝えた。妻には「ここで行かなかったら、一生後悔することになると思う」と自分の気持ちを正直に話した。二年前に長女が生まれたとき、私は一年間の育児休業を取得しており、妻との間には深い信頼関係を築けている自信があった。唯一気がかりだったのは、手のかかる二歳児に加え、彼女が妊娠五カ月の身であることだった。三カ月前にわかったばかりで、東京には手助けをしてくれる親類がいなかった。

「何とかするわ」と妻は半ば諦め顔で私に言った。「夏になったら大阪に里帰りするし。一度行くと決めたのなら、悔いが残らないように頑張ってきて」

翌日、社会部長に連絡を入れると、「ありがとう。こちらもできる限りのリポート態勢を取る」と喜んでくれたが、肝心の赴任先についてはまだ決定していないようだった。部長からは「岩手か福島でどうだ」と打診されたが、私は思うところがあり、「宮城県、できれば南三陸町に赴任させてください」と希望を伝えた。初任地が仙台総局だった私にとって宮城県は「第二のふるさと」であり、南三陸町はかつて取材先と釣りや山菜採りで何度も訪れたことのある思い出の土地でもあった。震災前の土地と風の匂いを知っている。そのことが取材に力を与えてくれるように思えた。

## 家探しの日々

実際に被災地に赴任できたのは五月に入ってからだった。引っ越し先の見通しがまったく立たなかったため、とりあえず二週間分の食料と着替え、テントや寝袋などのキャンプ用品を中古のジープに詰め込んで東京・国立市内の借家を発《た》った。

南三陸町に向かう途中、挨拶を兼ねて仙台総局に顔を出すと、編集フロアには私が震災直後に駆け付けた約一カ月半前と比べても、ひときわ重苦しい疲労感が漂っていた。私が温泉で休んだり、東京でリハビリのような仕事をしたりしていた間にも、仙台総局のデスクや記者たちは休むことなく働き続けていたのだということを、彼らが目の下にたたえているクマの濃さが物語っていた。

「休むように言ってはいるんだけれどね……」と管理職である仙台総局長は困ったような表情で私に言った。「誰も休まないんだよ。体を壊さないと良いんだけど……」

彼らの気持ちは私にも痛いほど理解できた。記者やデスクたちは上司の評価や周囲の評判を気にして休まないのではない。凄絶な現場を目の前にして休みたくても休めないのだ。

このままでは記者全員が潰れてしまうと、仙台総局では当時、東京本社に健康診断に行かせるという名目で記者を現場から一人ずつ引きはがし、数日間、東京で強制的に休ませるという特別措置を実施していた。もちろん、健康診断には半日もかからず、残りの数日はどこで「取材」していてもいいことになっているのだが、それでも社の命令に従わずに現場に通い続けたり、健康診断を受けた後すぐに被災地に戻ってきてしまったりする記者が続出していた。

「ところで、三浦くん、君はどこに住むことにしたの？」と総局長はにこやかな表情で私に尋ねた。私が「南三陸にしようと思っています」と答えると、「そうかあ、南三陸かあ。大変だなあ。震災後、僕もあそこには何度か行ったけれど、人が住めそうな所は残っていないなあ」と総局長はまるで他人事《ひとごと》のように言って笑った。そんな少し無責任のようにも聞こえる総局長の発言が、私には逆に現場の責任者がこちらに選択権を預けてくれたように思えて有り難かった。あるいはそれも彼の「計算」だったのかもしれない。総局長は政治部のデスクや週刊誌の編集長なども務めた切れ者だったが、そんなキャリアからは想像もできないほど、どこかほのぼのとした雰囲気を漂わせた人物だった。

翌日からさっそく家探しの日々が始まった。

手始めに南三陸町の災害対策本部が置かれていた町営体育館に出向き、総務課長に「どこかに住める場所はありませんか」と無理を承知で尋ねてみたが、「そんな場所があるんだったら、こっちが教えてほしいくらいだ」と少しきつめに睨まれた。

体育館の廊下にはまだ多くの町民が段ボールを敷いて寝泊まりしていた。

「なぜお年寄りたちが自動販売機の前に群がるようにして横になっているか、わかりますか？　夜、電気が通電すると自動販売機の前が一番暖かくなるからです。ここではまだみんなそうやって暮らしているんです」

津波の被害を免れた山間部の集会場などもあたってみたが、どこも被災者でいっぱいで、農家の納屋にも人が住んでいるような状態だった。翌日からは南三陸町内を諦め、隣接する登米《とめ》市や内陸寄りの大崎市の不動産屋にも電話を掛けたが、ほとんどが通話中だったり、つながってもすぐにガチャンと切られたりした。

実際に登米市の不動産屋に足を運んでみると、店内の机の上では受話器が外されたままになっていた。理由を尋ねると、店主は面倒くさそうに「物件がないのに、鳴りやまないんだよ。倉庫でいいから貸してくれないかと聞かれるんだけれど、その倉庫にだってもう、ボランティアたちが住みついているんだ」と言った。

県北地方の観光ホテルやビジネスホテルに電話を掛けても数カ月先まで予約でいっぱいだった。「報道機関の方もおられますが、数はそれほど多くありません」とあるビジネスホテルのフロントマンは教えてくれた。「圧倒的に多いのは復旧工事の方々です。電気、ガス、通信、道路、それに病院関係の方もおられます。数十人単位で数カ月間、部屋を押さえていらっしゃいます」

私はなかなか取材拠点を確保することができず、天気の良い日には登米市内の公園でテントを張ったり、雨が降りそうな日は仙台市内に戻って営業を再開したばかりのビジネスホテルに泊まったりしながら、毎日南三陸町に通い続けた。現状を報告する度に、仙台の総局長からは「大変だなあ。それじゃあ一年間、仙台のビジネスホテルから南三陸に通うかい？」と冗談とも本気ともつかない提案を受けたが、私は「拠点を仙台市内に置くことは考えていません」と彼の提案を断り続けた。

## 南三陸ホテル観洋

そんな私の窮地を救ってくれたのは、駆け出し時代にお世話になった、ある警察関係者だった。私が宮城県内に再赴任したことを同僚記者から聞きつけた彼は「知り合いにホテル経営者がいるから、僕から話を通しておこう」と南三陸町内のあるホテル経営者に連絡を入れ、私の代わりに取材拠点を置けないかどうかの交渉まで担ってくれた。その日の午後、ホテル経営者から「一部屋だけお貸しできる部屋が残っています」との連絡を受け、私は急いで南三陸町へと車を飛ばした。

「南三陸ホテル観洋《かんよう》」は南三陸町の中心部から車で五分ほど離れた海沿いの崖の上に建つ、東北有数の大型観光ホテルだった。客室数は全部で約二四〇（収容人数約一三〇〇人）。津波で一、二階が浸水したものの、三階から上は辛うじて大きな損壊を免れていた。私は南三陸町に赴任が決まった直後、真っ先にこのホテルに出向いて滞在の交渉を試みていたが、当時はまだ復旧の見通しが立っておらず、五月上旬からは被害が軽微だった客室を使って被災者約六〇〇人を受け入れることになっていたため、そのときは支配人から丁重に断られていた。

電源の入っていない自動ドアを強引にこじ開けて事務室に出向くと、数日前に対応してくれた同じ従業員が「その節は大変失礼いたしました」と私を電気のついていない一番奥の客室へと案内してくれた。客室のドアを開けると、華やかな観光ホテルには一見不釣り合いな、シングルベッドが一台置かれただけの簡素な部屋が現れた。

「どうでしょう？　こちらであればお使いいただけるのですが……」

シングルルームに取り付けられた小さな部屋の窓からは志津川湾《しづがわ》が半分だけ見えた。

「ＯＫです」と私はその場で了承した。「ここを一年間貸してください」

「一年間……ですか？」

「そうです、ちょうど一年間です」

「ええっと……」と従業員は急に困ったような表情になって言った。「そういうお客様はこれまで当館にはいらっしゃいませんでしたので、ちょっと上の者に確認してみないと……」

靴のまま部屋に踏み込んでみると、カーペットは多少汚れているものの、窓際の壁には大きな鏡がかけられており、その下にはパソコンを置けそうなテーブルがあった。部屋の入り口横にはユニットバスが備え付けられているが、蛇口をひねっても水は流れない。

「当分の間、水はご使用いただけません」と従業員は厳しい表情で説明を始めた。「飲料水はご自身でご用意していただくか、ボランティアの方が運んでくださっているペットボトル入りの飲料水をお使いください。お風呂は今後給水車で水を運んで沸かすつもりですが、水量に限りがあるので、週二回の交代制になると思います。トイレについては大変恐縮なのですが、ホテルの外にある仮設トイレをお使いください」

従業員が非常口などの説明を続けている間、私は窓の外を飛び交うカモメの群れなどを眺めていた。従業員が一通り説明を終えた後、私はそれまで不思議に思っていたことを端的に尋ねた。

「こんな立派な観光ホテルにどうしてこのようなシングルルームがあるのでしょうか」

「それは……」と従業員は若干言い淀《よど》みながら、言葉を選ぶようにして説明した。「もちろん、繁忙期には個人旅行のお客さまがお泊まりになられることはありますが、通常は何と言いますか……、当館にはお客さまのほかにも、バスの運転手やガイドの方々もお泊まりになられます。こういったシングルルームには主にそのようなお客さまをご案内したり、雪や台風で帰宅できなくなったときには、当社の従業員が非常用に使用したりすることもありまして……」

　私にはもう一つ、気掛かりなことがあった。

「私がこの部屋を使うことで被災者に不利益が出ませんか」

「その点は問題ないと思います」と従業員は答えた。「被災者の方々には町役場との協議の上で、家族単位で和室を使っていただくことになっております。安全や管理の面からもシングルルームはお貸しできないのが実情なのです」

　私がお礼を言って頭を下げると、彼は安心したのかニコリと笑って、「本当に一年間、ここで暮らすんですか」と確認し、ドアの隙間から身を滑らせるようにして部屋の外へと出て行った。

　従業員が部屋からいなくなった後、私は小さなシングルルームのベッドに身を横たえながら、窓から半分だけ見える南三陸町の空を眺めた。青い湾の向こう側には赤茶けた、津波で壊滅した町の中心部が浮かび上がって見えた。

　これからどうなるのだろう――。

　ベッドの上で小さく寝返りを打つと、開いたままになっていた客室のドアの隙間から、被災した住民たちがそれぞれの客室へと荷物を運び込んでいるのが見えた。

# 第四章

# 南三陸町長の強さと弱さ

## 被災地記者の「主食」

私が取材拠点を置くことになった「南三陸ホテル観洋」には当時六〇〇人の被災者が「避難所」として身を寄せており、ホテル全体がまるで一つの小さな村のようなものを形成していた。ロビーには町や自治会の掲示板が設置され、お陰で私は取材拠点にいながらにして地域の代表者に避難状況を尋ねたり、町が発信する生活情報などを確認したりすることができた。そこには町の住民だけでなく、官舎を失った警察や町役場の職員なども「同居」していた。週に二回の入浴の際には湯船の中から声を掛けられ、慌てて目をこらしてみると、先ほど取材で面会したばかりの警察署の幹部だったということもあった。

一方で——これは取材拠点を設置した後で気づいたことだったが——観光ホテルのシングルルームは記者が長期駐在するには極めて不適切な施設でもあった。寝泊まりする分には特段の問題はないものの、食料を持ち込んで自炊しようと思ってもキッチンがなく、許容電圧の関係で炊飯器や電子レンジなどの電気調理器も使用することができない。断水が続いているため、使用した皿をユニットバスで洗うこともできない。私は職業記者としての倫理上、被災者用に送られてくる支援物資には手をつけないと決めていたので、結局、朝は「カロリーメイト」、昼と夜はそれぞれコンビニ弁当に頼らざるを得なくなってしまった。赴任前に東京都内の大型スーパーで大量に買い込んできた「カロリーメイト」には「チーズ」「フルーツ」「チョコレート」「メープル」の四種類の味があり、パッケージには「バランス栄養食」と書かれていたので一年程度であれば食いつなげるのではないかと考えていたが、すぐに舌の感覚がずれていき、最後にはどのカロリーメイトを食べてもみんな同じ味がするようになってしまった。幸い、赴任直後の五月にはがれきに埋もれた南三陸町の中心部でセブン-イレブンが移動販売車による臨時営業を開始したので、私はその移動販売車に毎日通って昼と夜の分の弁当を買い、野菜ジュースも一緒に買って飲むようにしていたが、それだけでは栄養が不十分だったのか気がつくといつも唇に血がにじみ、髪の毛もパサパサになってしまった。

それらの影響もあったのだろう、私は駐在生活を始めてしばらくすると頻繁に——と言うよりもかなり慢性的に——体調を崩すようになった。夜なかなか寝付けなくなり、朝目を覚ましてもベッドから起き上がれないといった日々が続いた。私の場合、食事の影響も大きかったとは思うが、第一には生活習慣の問題が——特に仕事上のストレスの問題が——少なくなかったように思う。

誤解を恐れずに正直に記せば、被災地に住み込んで取材にあたるということは、私が当初想定していたよりも遥かに困難で、精神を摩耗させる行為だった。この町に住み込んで取材を続けようとする限り、東京や大阪から出張で飛び込んで、会話に応じてくれた人だけを取材して帰るという「ヒット・アンド・アウェイ」の手法が取れない。拠点を構えて「町民」として生活していく以上、取材に応じてくれた人はもちろん、取材を拒否された相手とも、その後もずっと同じ町の中で一緒に暮らしていかなければならないからだ。

私の属人的な性格の問題も確かにあった。私にはどうしても、家族を亡くしたり、家を失ったりしている人たちに「ご家族は無事でしたか」「ご自宅はいかがでしたか」と質問することが——たとえそれがジャーナリストの仕事なのだとしても——まともな人間がすることのようには思えなかった。心の迷いは必ず取材対象者に見透かされる。取材は大抵質問に入る前に拒絶され、運良く話を聞くことができたとしても、取材を終えたときには心がヤスリをかけたようにひどく痛んだ。

実際、私と彼らの間には越えがたい溝が横たわっていた。私に失ったものはなく、未来も収入も保障されている。一方、彼らの側には自宅や家族を失った人たちが大量にいて、将来的な見通しがまったく立たない人がほとんどだった。同じ町で暮らす「町民」

として日常的な会話を交わすことは決して不可能ではなかったが、「取材者」と「被災者」という立場で「取材」のための話を引き出すことは、現実的にはかなり難しいことだった。

## 「南三陸日記」

被災地で暮らし始めて数週間が過ぎた頃、私はこのままでは何一つ仕事ができないことを実感し、それまでの取材手法を大きく転換せざるを得なくなった。どうせまともな記事は書けないのだからと「取材」をすることを半ば諦め、まずはこの町で町民として「生活」することを優先しようと考えたのだ。朝六時に起きて集会場でラジオ体操をやり、昼前には避難所に設置されている談話室でおばあちゃんたちとオロナミンCを飲んだ（なぜか南三陸町のおばあちゃんたちはオロナミンCが大好きだった）。転居するという家族の荷出しを一緒に手伝い、ボランティアたちに混じって在宅被災者の自宅に食料や水を配って歩いた。その際、仕事で使っている一眼レフカメラを持参することを忘れなかった。作業の合間に撮影した写真を翌日、簡易プリンターで印刷して届けると、誰もが一様に喜んでくれた。多くの人が家を流され、大切な写真やアルバムを失っていたからだ。

そんな試みを始めて数週間が過ぎたとき、南三陸町で避難生活を送る人たちが少しずつ私に声を掛けてくれるようになった。避難所でよく会うおじいさんが私のポケットに支援物資のおかきをねじ込んでくれたり、体育館の隅で私がコンビニ弁当を食べていると、「なに不味《まず》そうなもの食べてるのよ」とお母さんたちが夕食の輪に加わるよう誘ってくれたりするようになった。

私はその度に、自分が東京から派遣されてきた新聞記者であることや、ここに住みながら一年間取材を続けていくつもりであることを、彼らの前で正直に打ち明けた。たくさんの人の命が奪われた南三陸町には、取材を受けたくないと思っている人が山のようにいた。その人たちを騙《だま》すように話を聞いた後で、「あの人、記者だったんだ」とがっかりさせたくないというのがその理由だった。

そんな日常を続けているうちに、町民のなかにはわずかだが、私を名前で呼んでくれ、短い会話に付き合ってくれる人たちが現れ始めた。もちろん、彼らと交わされる会話の大半はとりとめのないものばかりで、記事という枠組みにはあてはめられないものだったが、彼らと気兼ねなく言葉をやりとりできること自体が私にとっては嬉しく、なぜか誇らしくもあった。

仙台総局のデスクには事前に「数カ月間は記事らしい記事は書けないかもしれません」というこちら側の事情を伝えていた。それでも赴任後四週間を過ぎた頃から、「なんでもいいから、少しでも文字にできないか」という催促のような会話が少しずつ増えてきたので、私はある日、思い切って「被災者が今、どんな気持ちで生活をしているのかについてであれば、何かしら文章にできるかもしれません」と担当デスクに提案してみた。

当時、メディアにおける報道はまだ、震災直後に被災者がどうやって生きのびたのか、あるいは、大切な人の死とどうやって向き合ったのか、という津波発生直後の出来事に多くの記事が集約されていた。他方、被災地で今何が起きているのか、そこで被災者は何を考えながら暮らしているのか、ということについては、ほとんど光があてられていないように思えた。私はまだ十分には彼らから震災直後の話は聞き出せていないものの、被災地で彼らと一緒に生活しているので、「今、ここで何が起きているのか」ということについては格段のリアリティーをもって描くことができる。

デスクからはすぐに「面白い提案だから、少し待ってくれ」という折り返しのメールが届いた。被災した沿岸部には私の他にも複数の記者が張り付いており、彼らからも同じような意見が寄せられているという。

そんな風にして被災地に常駐している記者たちが自らの言葉で日々の変化を綴る「被災地日記」が、二〇一一年六月から朝日新聞朝刊の社会面で始まった。執筆者は震災前から存在していた宮古《みやこ》支局、石巻《いしのまき》支局、南相馬《みなみそうま》支局の三支局長に加え、震災後に新設された大槌《おおつち》駐在の政治部出身記者と南三陸駐在である私の計五人。表題にはそれぞれの町名が冠としてつけられ、私が担当する火曜日の回には「南三陸日記」というタイトルがつけられることになった。

私は全国面で初めて受け持つことになったわずか三五行の連載枠に、取材に四日、執筆に三日かけて取り組むことにした。そのとき、私が大仰にも目指したものは、被災地で目にした光景を単なるスケッチとして終わらせるのではなく、時間の経過に耐えうるだけの普遍的な物語として完成させることだった。当時すでにテレビや新聞では被災地の話が洪水のように報道されていた。良い物でなければ、人の心には伝わらないし、人の心に伝わらなければ、決して後世に残せない。

私は町民から数日間かけて話を聞いた後、まずはその内容を一五〇行程度の初稿にまとめた。それを一晩寝かして半分に削り、翌日それをさらに半分に縮めた後、再取材をして疑問点を埋め、さらに数度書き直してデスクへと投げた。

担当デスクは山崎靖《やすし》だった。デスクには大きく分けて「自ら徹底的に原稿に手を入れるタイプ」と「ライターに徹底的に書き直させるタイプ」の二種類がいる。山崎は典型的な後者のデスクだった。彼は丸二晩かけて原稿に目を通した上で、いつも深夜に電話を掛けてきた。そこから一晩中、半ばケンカのようになって互いに意見を戦わせ、通常は五、六回、多いときには一〇回以上も書き直しを命じられた。

「面白くない」「書き直せ！」

そんな罵声を深夜に何度聞いたろう。一線記者として阪神・淡路大震災の現場をかけずり回り、新潟県中越地震で実家が被災している山崎には、他のデスクには持ち得ない震災報道に対する熱情があった。

幸い、連載は掲載直後から反響を呼び、私が寝泊まりしている南三陸ホテル観洋のフロントには毎回十数通の手紙が読者から届くようになった。私はそれらの手紙を読む度に、少しずつ自分が今被災地にいる意味を理解できるようになっていった。全国には今、被災地の現状を知りたいと思う人たちがいる。あまり深刻に考えすぎる必要はない。私はここで見たり感じたりしたことを、ただ文字に置き換えればいいのだ。

## 防災対策庁舎の夜

赴任後、最初にインタビューを申し込んだのは南三陸町長の佐藤仁《じん》だった。

津波で町役場が壊滅したため、当時は町営体育館の小さな事務室が臨時の「災害対策本部」になっていた。私が着任の挨拶を兼ねて体育館を訪れ、この町の駐在記者になったことを伝えると、佐藤はすぐには事情がうまく飲み込めなかったらしく、「で、どれくらいいるんだ？」と私に向かって不思議そうに聞いた。私が「一年はいます」と答えると、佐藤は「うーん」と短くうなってから心配そうにこう尋ねた。

「でも一体、どこに住むんだ？」

ちょうど午後の町長の面会予定が急遽キャンセルされた直後だったこともあり、佐藤は事務室の一角をパーティションで区切っただけの「町長室」へと私を招き入れてくれた。差し出された名刺には「心から感謝　南三陸町長・佐藤仁」と手書きの文字が記されていた。職員が紙コップに入れたインスタントコーヒーを運んでくると、彼は自身が着ていた防災服の襟元をわざとつまんで匂いを嗅ぎながら、「どうだ、臭いか」と私に聞いた。

「これ、あの震災当日に着ていたやつなんだ。これしかないから今も着ている。俺は野球部だったから、全然気にならないけどな」

疲れた表情の笑いを残して、佐藤はあの日見た風景を私に語ってくれた。


三月一一日午後二時四六分、佐藤は町議会の壇上にいた。その日は三月定例会の最終日で、議場が音を立てて揺れ始めたのはまさに、彼が町政の目標として掲げている「災害に強い街づくり」について言及し始めたときだった。

激しい揺れが収まると、佐藤は町長室に戻って防災服を手に取り、すぐさま役場の隣に建てられている防災対策庁舎へと向かった。阪神・淡路大震災を教訓に震度七の揺れにも耐えられるよう設計された三階建ての二階部分には、非常放送設備や震度計などを備えた危機管理室が設けられている。

危機管理室に入ると、危機管理課の職員が「大津波警報発令。津波の高さは約六メートルです」と伝えた。

六メートルなら大丈夫だろう、と佐藤は思った。

町はこれまでも十分すぎるほど津波対策に取り組んできた。毎年一回、全町民が参加して津波の避難訓練も実施している。二年前には県の予算で巨大な防潮水門の耐久工事も終えたばかりだ。町の防災計画が想定している津波の高さは六・五メートル。万一、それ以上の津波が押し寄せて来たとしても、防潮堤を越えた分の水が町内に入り込むだけで、町の被害は軽微に留まる――そんな「計算」が佐藤にはあった。

職員に防災無線で住民に避難を呼びかけ続けるよう指示をした後、佐藤は津波が近くの八幡川《はちまんがわ》を遡上してきたため、外付け階段を昇って防災対策庁舎の屋上へと上がった。屋上では町や県の職員たちがフェンスから身を乗り出すようにして海の状況を観察していた。眼下には防災無線に急《せ》き立てられるようにして高台へと向かう軽自動車の長い列が見えた。

「なんだ、あれ？」

職員が指さした方向に視線を向けると、海の表面が小高い丘のように盛り上がっているのが見えた。

次の瞬間、海岸付近からパッと黄色い煙のようなものが舞い上がり、海辺の風景が視界から消えた。

「津波？」

それが津波だと気づいたときにはすでに、海岸線に並ぶ十数軒の家々が水の塊に押しつぶされていた。海岸のあちこちから土煙が上がり、周囲が轟音《ごうおん》に包まれる中、海岸から約三〇〇メートルの所に建てられていた佐藤の家も黄色の煙に覆われて見えなくなった。

眼下では、大量の土砂を含んだ黒い液体が役場の横を流れる八幡川を逆流し始め、堤防を越えて周囲の民家をなぎ倒し始めていた。目の前で木造の町役場の庁舎が崩れ落ち、気がつくと周囲が黒い波に囲まれて湖のようになっていた。

「ここは、大丈夫なのか」

職員が上げた疑問の声に押されるようにして屋上にいた職員たちが海側のフェンスから陸側の後方へと後ずさりした。屋上には庁舎開設時に二本の非常通信用アンテナが設置されている。一本が太く、一本が細い。数人の職員がその二本のアンテナによじ登ると、残った職員たちはそのアンテナの下でスクラムを組むようにして身を寄せ合った。

数分後、避難を呼びかけていた危機管理課職員の防災無線の声が突然止まった。海風に煽《あお》られるようにして水飛沫《みずしぶき》が舞い上がり、金切り声が響いた瞬間、巨大な水の壁が屋上に現れ、職員たちを空中へと弾《はじ》き飛ばした。

佐藤は外付け階段の手すりに体を押しつけられたまま、冷たい水の渦の中へと放り込まれた。無我夢中で外付け階段の手すりにしがみつく。

この手すりを放したら死ぬ——佐藤は泳げないのだ。

朦朧とする意識の中で、両手に全神経と全筋力を集中させた。どのくらい水中にいただろう。ふとした波の加減で偶然頭が波間に出たとき、佐藤は津波の水面が自らのあごの高さに位置していることを知った。定期的に押し寄せる波の谷間であれば、辛うじて息を吸うことができる。顔が水面の上に出る度に、黒い水を飲み込まぬよう「フッ、フッ」と短く息をして、空気を肺へと送る。そして再び、氷のように冷たい濁流の中で鉄製の手すりにしがみついた。

徐々に津波が波高を失い、気がつくと鉄製の手すりに寄りかかるようにして泥だらけの屋上に横たわっていた。見渡すと、屋上にいたはずの数十人の職員が九人しかいない。屋上に設置されていた落下防止のフェンスが根元から流されており、そこへ飛ばされた職員たちが全員姿を消していた。

第二波は時を置かずにやってきた。第一波よりも第二波、第三波の方が波高が上がることを知っていた職員たちは手すりではなく、より高いところにある通信用アンテナに登って津波をやり過ごした。太いアンテナには七人が登り、細いアンテナには三人がしがみついた。

鉛色の空から雪が降りだし、時折、海から強い風が吹いた。佐藤と職員たちは津波が引き始めると、冷たい雪を避けるため、階段を伝って防災対策庁舎の三階へと下りた。三階は津波で壁がぶち抜かれていたが、天井が無事だったため、舞い降りてくる雪を辛うじて防ぐことができた。

アンテナに登った職員のネクタイが奇跡的に水濡れを免れていたため、持っていた一〇〇円ライターで火をつけ、それを近くの流木へと燃え移らせて暖を取った。第五波が押し寄せる頃には津波は三階にまでは達しなくなっていたが、それでも職員たちは津波が襲来する度に屋上へと駆け上がり、通信用のアンテナによじ登って回避行動をとった。

夜になると、高台に避難している住民たちが防災対策庁舎に向けて懐中電灯で合図のようなものを送っているのが見えた。いくつもの光の筋が「生きろ、生きろ」と無言のエールを送っていた。職員たちは身を寄せ合うようにして凍える夜が通り過ぎるのを待った。

翌朝、救援隊がやってくる気配がいっこうにみられないので、佐藤たちはその場を脱出することにし、防災対策庁舎の鉄骨に絡みついていた漁具やロープをつなぎあわせて、三階から二階へ、二階から地上へと自力で降りた。

市街地は見渡す限りがれきと泥に覆われ、町は完全にかつての姿を失っていた。佐藤たちは最初に徒歩で高台の志津川小学校に向かい、山沿いに志津川中学校を経由して町営体育館にたどり着いた後、そこでようやく災害対策本部を立ち上げた。

避難していた住民たちに迎えられ、町内各地区から報告されてきた住民の安否情報に目を通したとき、佐藤は自らの目を疑った。人口一万七〇〇〇人の小さな町で約一万人の住民が「安否不明」になっていた。町を構成する四地区のうち、志津川、歌津《うたつ》、戸倉《とくら》の三地区が「壊滅状態」との報告を受けた。

「皮肉なことに、安否不明になっていた住民が多かったのは、チリ地震津波で被害を受けなかった『安全地帯』でした。かつて津波の被害を受けていた地域では、地震後に住民のほとんどが高台に逃げていた。ところが、五〇年前のチリ地震津波で被害を受けなかった地域では、住民の多くが『あのときも大丈夫だった』という過去の記憶に引きずられ、避難できずに海へと飲み込まれてしまった……」

インタビューの最後、佐藤は大きく息を吐き出して宙を仰いだ。

## 「人気者町長」は悪か

その日から約一年間、私は駐在記者として復興の舵取《かじと》りを担う町長の佐藤と向き合うことになった。性格は良くも悪くも「高校球児」。何事にも前向きで、後腐れがない。事実、彼は甲子園への出場経験を持つ元高校球児であり、仙台商業の八番・ショートとしてベスト8まで勝ち残った（チームメートには後にヤクルトで活躍した八重樫幸雄《やえがしゆきお》がいた）ことを人生最大の誇りにしていた。ある支援者は彼を「コカ・コーラのような人」と称していたが、佐藤は本当にそんな炭酸飲料のようなイメージを持った政治家だった。

同時に、佐藤は極めて「メディア向き」と呼べそうな政治家でもあった。「メディア向き」とはつまり、ルックスに長《た》けていて、何より「言葉を使える」という意味である。

私が駆け出し時代に仙台市役所を担当していた頃、人柄も頭も良くて市民に長く愛された藤井黎《はじむ》（故人）という市長がいたが、彼は記者会見を開いても、何を話しているのかさっぱりわからないといったような政治家だった。三期目に向けた出馬会見でさえ、彼が演説を終えた後も報道陣は彼が本当に立候補するかどうかの確証がつかめず、私も会見後に本人に詰め寄って「立候補するんですか」と大まじめに問い質《ただ》した経験がある。

その対極にあたるのが南三陸町長の佐藤だった。彼はたとえ記者会見以外の場で突然マイクを突きつけられても、即座に時勢を捉えた短い言葉で相手の要求に応えることができる、日本では極めて稀有《けう》な才能を持った政治家の一人だった。かつて内閣総理大臣を務めた小泉純一郎に似ていると言えば、イメージがつかみやすいかもしれない。

彼は定例の記者会見でも町幹部が準備した原稿を読み上げたりはせず、なるべく自分の言葉で意思を伝えようと努めていた。一見易《やさ》しそうにみえるそれらの試みは、実は政治家にとっては一定のリスクを伴う行為でもある。自分の言葉で語りかけることによって相手の中に強いイメージを残せるというメリットがある一方で、難しいコメントに必ずつきまとう「失言」のリスクを完全に回避することができない。事前に十分な論理構築ができないことにより、質問者に構造的な矛盾や根拠の誤りなどを指摘され、会見が意図したものとはまったく別のものに置き換えられてしまう可能性が少なくないのだ。

もちろん、佐藤の応対にもいくつかのパターンが存在しており、彼はそのパターンの応用によって急場を凌ぐスタンスをとっていた。私が思うに、彼はその日に伝えたい「メッセージ」をあらかじめ自分の中に用意しておき、記者からどんな角度で質問を振られても、必ずその「メッセージ」に関連づけて回答するよう対応していた。

その際、彼が極めて優れていたのは、その「メッセージ」のほとんどが、テレビニュースのワンカットとして使える六秒以内に収められている点だった。彼はそれを一つの会見の中で何度も何度も繰り返す。結果、夕刻のテレビニュースではその意図されたフレーズだけが佐藤の会見映像と共に茶の間に流されるようになるのだ。

東日本大震災を象徴するキーワードの一つに「スピード感」というフレーズが挙げられるが、この言葉を生み出した張本人が佐藤であるかどうかはともかく、このフレーズを広く一般化させたのは間違いなく南三陸町長の佐藤である。

「今の国政にはまったくもって『スピード感』がない」「もっと『スピード感』を持って第三次補正予算の審議に取り組んでほしい」

震災後、毎日開かれた記者会見で、佐藤はこの「スピード感」という独特な語感を持ったフレーズを効果的に用いて被災の状況や復興の遅滞を表現し、一躍メディアの寵児《ちょうじ》へと躍り出た。「もっと早く」「可能な限り迅速に」というありふれた表現ではなく、「スピード感を持って」という新しい表現が、戦後最大の災害に直面して右往左往していたメディアの耳目を――そして何よりその背後にいる国民の心を――つかんだのである。

その一方で――というよりは、それ故に――佐藤は震災後、地元の南三陸町内では猛烈な逆風の中に立たされ続けた。厳密に調べたわけではないので断言まではできないが、駐在記者としての私の感触から言えば、特に震災後の約半年間は約七割以上の町民が佐藤に極めて厳しいまなざしを向けていたように思う。避難所の取材に行くと必ず佐藤の悪口になったし、町役場の中でさえトップを公然と批判する職員が少なからずいた。

原因の一つは明らかに、町民たちの「やっかみ」だった。「自分だけいい格好して」というねたみに近い感情である。震災直後は電気がなかったので、町民たちはテレビを見ることができなかったが、停電が解消されて避難所に大型テレビが運び込まれると、人々は毎日のように画面に大写しされる南三陸町長の姿を目撃し、「次は参院選にでも立候補するんじゃないか」と互いに陰口をささやきあった。

それが大きな「誤解」であることは誰の目から見ても明らかだった。確かに佐藤には少し「目立ちたがり屋」なところがあるのかもしれない。でも、佐藤が毎日欠かすことなく記者会見を開き、どんな困難な要求でも受け入れてテレビカメラの前に立ち続けている真の狙いは、決して自分が有名になるためではなく、町の惨状を全国に発信することで、この町に少しでも多くの支援物資や義援金やボランティアを呼び込むためであることは、少し考えてみればすぐにわかることだった。

私は今でも、佐藤がそれらのことをもっと積極的に住民の前で説明すべきではなかったかと思っている。彼はいつも心のどこかで「言い訳をしないことは格好いいことだ」と思っているような節があり、議員から「テレビに毎日出ているが、そんなに目立ちたいのか」というような質問が町議会で出されたときも、その意義を十分に説明しないまま、「町長としてできる最大のことをしております」などと澄まして答え、さらなる関係の悪化を招いたりする。私の赴任直後、町内では「津波のとき、町長は防災対策庁舎のアンテナの一番高いところに登って、追いすがろうとする町職員を足で蹴飛ばしていた」という事実無根の誹謗《ひぼう》中傷がしきりにささやかれたが（佐藤はアンテナには登っておらず、外付け階段の手すりへと飛ばされている）、事実関係を知る私にとってはなぜ佐藤がそれにすぐに否定・反論しないのか、理解に苦しむ時期が長く続いた（結局、佐藤は町議会でその「疑惑」を糾弾され、ようやく「アンテナには登っていません」と釈明をした）。

とにもかくにも、佐藤は記者会見のような「生《なま》」の場を比較的得意とする一方で、事前に根回しをして議事の軋轢《あつれき》を取り除いたり、他人を引き立てることによって全体的なバランスを取りながら物事を円滑に前に進ませたりすることについては、どこか不得手にしているようなところがあった。

そして、佐藤が町内からの孤立を招いたもう一つの理由。それは紛れもなく、彼自身が持ち合わせている「配慮のなさ」にあったと思う。彼は他の被災自治体と比較してみても、明らかに避難所に顔を出す回数が少ない首長の一人だった。

町民たちが何より強く非難したのは、亡くなった町職員の自宅に線香の一つもあげに来ないという、彼の「非礼さ」に対してだった。南三陸は海の町、ひいては漁師の町である。もし海上で乗組員が事故に遭ったら、船長や船頭は真っ先に乗組員の家に駆けつけて、「死なせてしまって申し訳ない」と遺族に土下座するだろう。そんな不文律のような掟《おきて》が染みついているこの町で、娘や息子が同じ屋上で亡くなっているにもかかわらず、霊前に線香も供えずに連日テレビに出演して生き残ったことを「自慢」しているようにも見える町長の姿が、遺族やその周囲には許せなかったのである。遺族の怒りはやがて町全体へと伝播《でんぱ》していき、最後には復興に向けた町の提出議案が町議会で通らなくなった。

結局、佐藤が線香をあげるために町職員の遺族の家を回り始めたのは、震災から半年を迎えた二〇一一年の秋口だった。町側は「町民の多くが亡くなっており、身内である職員への対応を優先する訳にはいかなかった」と釈明したが、それらは遺族にとって受け入れがたい「言い訳」として映ったに違いない。亡くなった職員は数十人。狭い町内において、彼らの自宅を訪ねようと思えば、それほど時間はかからないはずだった。

## 対立

そんな佐藤と私は一度だけ激しく対立したことがある。

震災後、南三陸町で大きくクローズアップされたテーマの一つに、津波で鉄骨の骨組みだけが残った防災対策庁舎を解体するのか、震災遺構として保存するのか、という極めてセンシティブな問題があった。

町民の意見は激しく割れた。そこが震災直後に職員が逃げ込み、そのまま犠牲になってしまった「死」を連想させる建物である一方で、亡くなった職員の遠藤未希《みき》のように町の職員たちが最期まで住民に避難を呼びかけ、多くの命を救った「記念碑」的な建物でもあったからだ。

佐藤は震災直後から「震災の記憶を後世に伝えるためにも遺構として残すべきではないか」と保存に前向きな考えを表明していた。ところが、震災発生から半年が過ぎた九月中旬、急遽記者会見を開いて「解体を決断した」とその考えを一八〇度転換してしまう。ちょうど亡くなった町職員の遺族との関係が修復不可能なほど悪化し、遺族数人が「遺族会」のような組織を作って、「職員が死亡したのは防災対策庁舎からの退避を指示しなかった町長の責任ではないか」と佐藤に公開質問状を提出したり、損害賠償を求める民事訴訟の準備を始めたりしていた矢先の出来事だった。

私はその記者会見において町長の判断の根拠を厳しく追及したり、質問の時間を大幅に超えて「今、本当にそれを判断する時期なのでしょうか」と問い糾《ただ》したりした。駐在記者である私の目には、彼の「解体宣言」はどう見ても、反町長派を懐柔するためのバーター（物々交換）の条件であるようにしか思えなかった。もしそうだとするならば、住民の避難を訴えながらあの防災対策庁舎で亡くなった数十人の職員たちの魂が浮かばれない。

「遺族の声を聞いて解体を決めた」と佐藤は記者会見で説明した。

「では、実際に何組の遺族に意見を聞いて判断を決めたのでしょうか」と私は聞いた。

「……二組だ」と佐藤は小さな声で横を見ながら言った。

「二組？」と私はさらに手を挙げて質問を重ねた。「では、残りの数十の遺族たちは、本当に解体に賛成しているのでしょうか」

防災対策庁舎を解体するか否かという問題は、この震災をどうやって後世に語り継いでいくかという課題と密接に絡みあっており、判断が極めて難しい問題であるはずだった。佐藤もそれを十分に理解していたし、私自身も明確な意見が持てないでいた。ちょうど被災建造物の解体があちこちで始まり、被災地から震災がどんどん「見えなく」なりかけていた時期でもあった。被害を目に見える形で遺《のこ》さなければ風化が進み、同じ悲劇が再び繰り返されてしまう。その一方で、防災対策庁舎の残骸をこのまま遺構として残せば、遺族は今後もあのお化けのような骨組みをいつも視界に入れながら、今後の人生を送っていかなければならなくなる――。

防災対策庁舎の保存の是非をめぐっては、第三者が極めて第三者的に適当な意見を町外から加えた。テレビや週刊誌ではよく「防災対策庁舎の前でピースサインを出して写真に収まろうとする訪問客に多くの町民が怒っている」という「ニュース」が紹介されたが、私はその信憑《しんぴょう》性にずっと疑問を抱き続けていた。任期中、私は休日平日を問わずほぼ毎日防災対策庁舎の前に足を運んでいたが、一度として来訪者がピースサインを出して写真に収まっている光景を見たことがなかった。一度でもあの崩壊した骨組みの庁舎の前にたたずんでみればわかる。幼子やよほどの異常者ではない限り、亡くなった職員への花束と多くのメッセージが掲げられたあの祭壇の前でピースサインを出すことなど不可能なのだ。

防災対策庁舎には町外から毎日多くの人が訪れる、それを町の将来の経済復興に関連づけて論じる知識人やジャーナリストもいたが、私はどうしても彼らの意見には賛同できなかった。町の基幹産業は漁業と観光であり、被災者がこの町で自活していくためには、いずれお金の話を真剣に議論しなければいけない時期が来るのは十分にわかっていた。でも一方で、多くの町民が親類を失ってまだ半年しか経《た》っていないあの時期に、記憶の継承と経済復興の話を直接結びつけて論じようとすれば、町民は必然的に感情的になってしまい、その一時的な感情のうねりによって、この国の未来の姿をも左右しかねない大きな決断が誤った方向へと導かれかねない――当時の私はそんなふうに考えていた。

骨組みだけが残った防災対策庁舎は、そのシルエットから広島の原爆ドームと比較して論じられることが幾度となくあった。戦後、広島では原爆で多くの尊い命が奪われたにもかかわらず、広島市民は結果的にあの場所に原爆の「被害」を遺すことに決めた。戦後、もし彼らが原爆ドームを解体していたら、広島は現在のように原爆の記憶を語り継いでくることができただろうか。

時間や議論を経ていくことで、人々の気持ちは変化していく。そのときに遺族は一体何を思うのか、壊すのであればそのときでいいのではないか。私は記者会見でそう意見して周囲の報道陣からひんしゅくを買った。もちろん、町長の佐藤は私以上にそれらの意味を理解しているはずだった。だからこそ、私は許せなかったのだ。

## たった一度の携帯電話

震災半年が経過した後も、佐藤は依然としてテレビや新聞に出演し続けた。津波に飲まれて生還するという唯一無二の経験を持ち、真っ黒に日焼けした顔で防災服を着こなしながら短い言葉で政府を鋭く批判する。震災三カ月、半年という節目に限らず、中央で政治が紛糾したり選挙が行われたりする度に、東京や大阪から多くの記者が佐藤のもとへとインタビューに駆けつけ、公共放送はカメラを何台も投入してまるで芸能人のように佐藤の日常を何十時間も追い回し続けた。

一方、私はと言えば、駐在記者としては「不適格」と見なされても仕方ないほど、赴任以来一貫して佐藤とは一定の距離を取り続けた。私と彼は性格が若干似ていることもあり、長期間、至近距離で取材を続けていると、互いに「なあなあ」の関係になってしまう恐れが十二分にあった。もし人口一万数千人の小さな町で、強大な権力をもった自治体の首長とたった一人しかいない駐在記者が親密な関係になってしまえば、今後立ち上がってくる町の復興計画や産業再生の素案に対して適切な批判や意見を加えることが難しくなり、ひいては避難所や仮設住宅で暮らしている町民に大きなしわ寄せが及びかねない。

幸い、町内には大手メディアの競合他社は駐在しておらず、町役場内にはいくつかパイプも築けていたので、大事な情報はある程度、町長に頼らなくても事前に入手することができていた。偶然、私と同じ時期に岩手県大槌町に張り付いた同僚記者が政治部出身で、彼は地方行政に重点を置いた取材を続けていたので、私は「行政」については思い切って切り捨て、できるだけ市井を歩いてこの町に住む人々の生活に——特に震災を生き抜く「家族の姿」に——焦点をあてて取材を続けていこうと決めていた。

故に、小さな町の駐在記者でありながら、その町のトップである佐藤と任期中、食事を共にしたのは一回しかない。それも私が転勤で南三陸町を離れることが決まり、同僚たちが開いてくれた送別会にたまたま佐藤が招かれて席が隣り合わせになっただけである。

その転勤に関する挨拶の場でも、私は隣に座った佐藤に向かって苦言を述べた。

「戦後最大の災害の記憶を後世にどうやって引き継いでいくか。その極めて大切な判断が為政者に付随する政治的な問題によって決断されたように見えたことが、私の被災地勤務における最も残念な出来事でした。もっと時間をかけて慎重に判断すべき問題をこのまま問い直すことなく無に帰すのだとしたら、私は一〇年後でも二〇年後でも、力を振り絞って町長の批判を書き続けると思います」

私と佐藤が携帯電話で会話を交わしたのも、実に一度だけである。

私が駐在の任期を終えて南三陸町を離れる当日、佐藤から私の携帯に直接電話が掛かってきた。数日前、私は新聞に連載していた『南三陸日記』が一冊の書籍にまとまったので、その見本を置き土産として町長室に届けていた。

「三浦くん、俺が君の携帯に電話をするのはこれが初めてだな」と佐藤は言うと、急に涙声になって言葉を続けた。「『南三陸日記』、すぐに読んだ。いや、読めなかった。ページをめくる度に涙が出て、涙が出て……」

そのとき初めて、私は彼がずっと孤独であったことに気づいた気がした。

# 第五章

# 戸倉小学校と戸倉中学校

## 廃校での始業式

　南三陸駐在として初めて取り組んだ仕事は、町立戸倉小学校で開かれた一カ月遅れの始業式だった。南三陸町の南沿岸部にある、津波で集落がほぼ壊滅した折立《おりたて》地区にあった小学校で、三階建て校舎の屋上にまで津波が達したため、内陸に約二〇キロ離れた隣接する登米市内の廃校を使って授業を再開させることになっていた。

　被災地で最も遅い始業式になったこともあり、会場には大勢の報道陣が詰めかけていた。七七人の児童たちは大半が南三陸町内や登米市内の体育館などで避難生活を送っているため、ＮＰＯが準備した通学バスに乗って一時間ほどかけて「新しい学校」に通ってくる。廃校の旧善王寺《ぜんのうじ》小学校には近隣の小中学校から机やイスが運び込まれ、花壇には退職教員の手によって無数のパンジーが植えられていた。

　通学バスが到着すると、子どもたちは教師たちの指示によって校舎二階の多目的ホールに並ばされ、新しい学校での始業式に臨んだ。子どもたちはやはり報道陣が気に掛かるのか、しばらくはよそ行きの顔で校長や教頭の話に耳を傾けていたが、式が終わって教室へと戻った途端、それまでとは別人のようになって嬉しそうに担任の背中にしがみついたり、無邪気に友だちと取っ組み合いを始めたりした。あるいは一番嬉しそうだったのは現場の教師たちだったかもしれない。低学年のクラスでは、受け持ちの男性教諭が「さあ、学校が始まるぞ」と逃げ回る子どもたちの背中を追い回していた。

子どもたちは式典後、担任からオリエンテーションを受けることになっていたため、報道陣は校長の麻生川《あそかわ》敦《あつし》を囲んでこれまでの事実経過について簡単なレクチャーを受けることにした。

麻生川は質問の意図に応じて求められている事実だけを端的に答えることができる、教育界では珍しい真っ当な社会人感覚を持った教育者だった。聞くと、もともとは埼玉県の出身であり、北海道大を卒業して道内の農協に勤務した後、通信教育で教員免許を取得して宮城県の教員になったのだという。二〇分ほどの取材でほとんどの記者が帰っていったが、私と地元紙・河北《かほく》新報の渡辺龍だけは南三陸町の担当記者として今後の学校行事の予定などについてしばらくの間雑談を重ねた。

「どうでしたか、今日の始業式」と麻生川に不安そうに聞かれたので、私が「子どもたちが嬉しそうだったのでほっとしました」と答えると、彼は「そうですか……それなら良かった」と突然、ポケットからハンカチを取り出して両目をぬぐった。

「もう少しだけ、お時間いいですか？」

麻生川はそう言うと、戸倉小学校がこの数カ月に歩んできた道のりを時間を掛けてゆっくりと我々に語ってくれた。

## 「危険区域」の小学校

麻生川が校長を務める戸倉小学校は、極めて「特殊」な小学校だった。南三陸町では過去に何度も津波に襲われた教訓から、教育施設はすべて高台の上に設置されていたが、ただ一校、戸倉小学校だけが例外だった。海からは直線距離で約三〇〇メートル。海抜もわずか二メートル弱しかない。子どもたちの命を預かる教育機関であるにもかかわらず、町が作製した津波被害の予想マップでも「レッドゾーン」に位置している「危険区域」の小学校だった。

二〇〇九年、麻生川が校長として戸倉小学校に赴任したとき、彼はそのあまりのリスクの大きさに、しばらくの間、他の仕事に手がつけられなくなってしまった。当時、宮城県内ではすでに三〇年以内に九九％の確率で巨大地震（当時の想定は宮城県沖地震）が発生すると予想されており、沿岸部が津波の襲来を受けるのは「ほぼ確実」と見られていたからである。

この学校で本当に子どもたちを守れるのか――麻生川は赴任後すぐに教職員を招集すると、まずは避難の経路や手順などを再確認する作業に取りかかった。

最初にチェックしたのは防災訓練の実施状況だった。戸倉小学校では年に四回も防災訓練が実施されており、そのうち二回は津波に焦点を絞って行われていた。「津波訓練」はそれぞれ異なる時間や場所を想定して実施され、一回は授業中に、もう一回は遊び時間中に校庭で津波に襲われたらどう逃げるのかについて、避難の方法が子どもたちに詳しく指導されていた。まずまず合格点と言えそうだった。

次に検証したのは学校に設置されている避難マニュアルだった。そこでは地震が起きたら教職員はまず校庭の南端に子どもたちを移動させた後、津波警報が発せられた場合には速やかに小学校の裏手にある「宇津野《うつの》高台」へと避難させることになっていた。宇津野高台は住宅地用に山の中腹を切り開いて造った海抜十数メートルの造成地である。地域の避難場所にも指定されており、児童全員を収容できる十分な広さがあるものの、そこにたどり着くまでには学校の裏手を走る国道三九八号を横断し、数百メートルほどの急な坂道を登らなければならない。

津波が到達するまでにたどり着けるだろうか――。

麻生川が実際に自分の足で確かめてみると、教室を出発し、国道を横断して高台の坂道を登りきるまでに大人の足で五分かかった。当日は机の下に隠れたり、校庭で児童の点呼をとったりした後での避難になるため、集団行動の子どもたちの足では一〇分以上はかかってしまう。

文献を調べてみると、一九九三年の北海道南西沖地震時の奥尻島《おくしりとう》では地震発生から五分後に津波が押し寄せ、多くの住民が亡くなっていた。町が主催した津波研究の権威である東北大学教授の今村文彦の研修会で示されたシミュレーションでは、宮城県沖地震における津波の予想到達時間は「最短で三〜五分」。もし、これらの見解が正しいとすると、マニュアルに従って児童を避難させた場合、子どもたちは高台に着く前に津波に飲み込まれてしまう可能性がある。

一方、一九六〇年に三陸沿岸部を襲ったチリ地震津波の際の戸倉小学校の被害状況を調べてみると、校舎の一階は水没していたものの、二階には水が上がっていなかったことがわかった。その後、校舎は三階建てに改築されており、新校舎には三階からさらに高い屋上へと昇れる内階段や校庭から屋上へと上がれる外階段も設置されていた。

「避難場所を屋上に変えた方が安全ではないだろうか？」

ある日、麻生川は職員会議で、避難マニュアルの移動先を「高台」から「屋上」へと変更してはどうかと提案してみた。

すると、地元出身の教職員たちが相次いで異論を唱えた。

「この地域には『地震が起きたら高台へ』という不文律がある。避難場所を屋上に変えれば、確かに子どもたちを早く避難させることができるかもしれない。でも万が一、三階を越える津波が押し寄せた場合、子どもたちを逃がす場所を失ってしまう――」

高台か、屋上か――。

麻生川は教職員と一年半かけてマニュアルの変更についての協議を続け、結果、どちらにしてもリスクがつきまとうことから、避難場所は屋上と高台の二通りとし、大きな地震が起きたときには、校長自らが避難場所についての判断を下すことで合意を取りつけた。

そんな避難計画の変更を行った直後に、東日本大震災は起きたのである。

## 校長の判断

三月一一日午後、麻生川は校長室で卒業式用の飾り作りをしていた。卒業式が一週間後に迫っているものの、新しい体育館が三月一日に完成したばかりで卒業生たちを送り出すためのデコレーションがない。それではあまりにも寂しすぎるからと、麻生川は非常勤講師と一緒に海をイメージしたカモメやサケの切り抜きを作り、卒業生たちが入場してくる体育館の入り口を飾ろうと考えていた。

午後二時四六分、校舎が激震に襲われたとき、麻生川は咄嗟に机の下に身を伏せながら、「ついに宮城県沖地震が来た」と思った。

そして次の瞬間、床に倒れこんだ教頭に「高台ですね」と聞かれると、麻生川はすぐさま「高台だ。校庭には避難せずに直接高台に行こう！」と決断したのだ。

人間とは――あるいは運命とは――つくづく不可思議なものだと思う。

麻生川は激震の直後、小学校を今襲っているのは「宮城県沖地震だ」と判断していた。にもかかわらず、彼は次の瞬間、持論である「屋上避難」をあっさりと放棄し、子どもの足では一〇分以上もかかることを確認していた――つまり、避難の途中で子どもたちが津波にのまれる可能性がある――「高台避難」を何のためらいもなく選択したのだ。

なぜあのとき、まったく逆の判断をしたのか――。

私はその後何度もその判断の根拠を麻生川に尋ね続けたが、彼の口からは「それはもう直感で」とか「揺れがあまりに大きすぎたから」という感覚的な回答しか得られなかった。

あるいは、彼の判断や行動を巡っては、学校の責任者として検討段階における個人的な見解ではなく、既存のマニュアルに従った正当な結果だという前向きな見方や評価が可能かもしれない。

であるならば、そこにはもう一つ、興味深い事案が存在している。戸倉小学校に隣接する戸倉保育所のケースである。

津波の「レッドゾーン」に位置する戸倉保育所にももちろん、津波を想定した避難マニュアルがあった。後に取材で保育所幹部からその避難場所についての回答を得たとき、私は思わず考え込んでしまった。

戸倉保育所が設定していた避難場所とはまさに、麻生川が考えていた戸倉小学校の屋上だったからである。未就学児を裏手の高台に避難させるにはあまりに時間がかかりすぎるという、極めて合理的な判断からだった。

ところが、その保育所幹部は地震直後、驚きの行動に出る。激震後、子どもたちを急いで屋外へと連れ出すと、何度も読み返したはずの避難マニュアルを完全に無視して、小学生たちの列を追いかけるようにして一路、宇津野高台へと向かったのである。

なぜマニュアルにある「屋上」ではなく、遠く離れた「高台」を目指したのか——。

保育所幹部は私のインタビューに次のように語った。

「怖かったんです。小学生のお兄さんやお姉さんたちがみんな高台に行っちゃって。それでもう、怖くて。私たちも小学生の後について行っちゃったんです……」

これらの事実は、児童七四人と教職員一〇人が犠牲になった石巻市立大川小学校の悲劇が決して特別なケースではなかったことを物語っているように私には思える。

確かにあのとき、二人の学校責任者が下した判断によって南三陸町では百数十名の子どもの命が救われた。しかし、麻生川は当時の判断について、「一か八かの賭けであり、子どもたちの命を救うことができたのは、ただ運が良かっただけだった」と私の取材に証言し、さらに次のように付け加えている。

「あの日東北を襲った地震が『東日本大震災』ではなく『宮城県沖地震』だったとしたら……。そう考えると、私は今も時々、眠れなくなるときがあるのです」

## 津波と神社

麻生川が九一人の児童を引き連れて宇津野高台に到着したのは午後二時五七分ごろだった。子どもたちの移動が比較的スムーズに行われたことや、点呼を校庭でではなく、校舎の玄関口で実施したことなどが大幅な時間短縮につながっていた。

高台には続々と近隣の住民が集まってきていた。午後三時五分ごろ、職員室から持ち出した携帯ラジオが「潮位の変化を観測した」という情報を伝えたが、海の方へと目を凝らしても、津波の気配は確認できなかった。

誤報だろうか――。

そう思い始めていた午後三時二〇分過ぎ、住民の一人が「あれは何だろう」と湾の奥の方を指さした。麻生川もわずかではあるが海が徐々に変化していることに気づいた。

湾の奥で海面が微かに盛り上がり、それがじわじわと陸地の方へと近づいてきている。

直後、港を囲う防波堤の分厚い壁が「パリッ」と音を立てて倒れたように見えた。

それは麻生川が津波に対して抱いていたイメージとはだいぶかけ離れたものだった。

麻生川の目にはそれらが「ドカーン」という破壊音を伴って海岸線を破壊したのではなく、「パリッ」という軽い音を立てて徐々に陸へと近づいてくるように映ったのだ。

海水が防潮堤を乗り越えて集落へと流入し始めると、「盛り上がり」は濁流となって一気に集落を押しつぶし、爆発音を伴って子どもたちが避難している宇津野高台へと押し迫ってきた。数人の教職員たちが駆け寄り、「このままで大丈夫だろうか？」と校長である麻生川に判断を仰いだ。

こんな高所にまで上がってくるだろうか、と麻生川はそのときはまだ楽観的な見解を抱いていた。高台は海抜が十数メートルもあり、地域の避難場所にも指定されている。

ただ、宇津野高台の奥には小高い山があり、斜面に築かれた石段の上には小さな神社があることを麻生川は事前の視察で知っていた。杉林に囲われた山頂の神社であれば、子どもたちを冷たい風から守ることができるかもしれない。

「子どもたちを神社に上げよう」

麻生川の指示を受け、教職員や住民たちは大急ぎで子どもたちを石段の上へと追いやり始めた。まずは保育所の児童たちを山頂に上げ、次に小学生と高齢者、最後に近隣の住民たちが山頂の神社へと続く石段を駆け昇った。

その直後だった。海面が突然高く膨れ上がり、数分前まで児童たちが避難していた高台を飲み込んだのだ。

「あれ？」という短い叫び声に麻生川が振り向くと、ちょうど高台に建っていた二階建てのアパートがまわりに駐車していた車と共に黒い波に流されていくところだった。高台から見えていた高さ十数メートルもある小学校の校舎は黒い海面下に沈み、姿を消していた。「子どもたちに見せるな」と周囲の大人たちは叫ぶように言ったが、最後尾にいた高学年の子どもたちの目には微かに映ってしまったかもしれなかった。

神社は山頂をわずかに切り開いた杉林の中に建てられていた。大人たちは真っ先に山頂の一番高い場所に子どもたちを集めた。「ここまで津波が来たらどうするの？」と子どもたちに尋ねられると、教職員たちは顔を強張《こわば》らせながら言った。

「杉の木に登れば大丈夫だ」

数分後、杉林の隙間から見えていた宇津野高台が水面下に沈み、やがて神社のある山頂部分だけが海面から突き出た小島のようになった。杉林を揺らす風の低音に女子児童たちが泣き出し始め、大人たちは半ば覚悟しながら両目をカッと見開いてその時がくるのを待った。

どれくらいの時間が過ぎたのだろう。気がつくと周囲の地響きが止んでいた。五感を澄ますと、津波が徐々に引き始めていることが周囲の音や風の向きからわかった。住民の一人が状況を確認するため水没した宇津野高台へと石段を下っていくと、津波は目に見えない力で押し留められたように、石段の中腹に設けられた鳥居のすぐ下で止まっていた。

「神社の神様に守られた」

住民の一人はそう言って手を合わせたが、真理はたぶん逆だったのだろう。神社が津波を退けたのでも、神様が子どもたちを守ったのでもない。過去に悲惨な津波を経験した先人たちが、津波の被害を免れたその山頂に鳥居や神社を築いていたのだ。

北風がやがてみぞれ混じりの雪へと変わると、大人たちは山頂の中央にある小さな祠《ほこら》に子どもたちや高齢者を押し込め、そこで寒さを凌がせることにした。祠は屋根が損壊し、中には数匹の野ネズミがいたが、二畳ほどの祭壇にまず保育所や低学年の児童たちを座らせた。

祠に入りきらない五、六年生たちは周囲の杉の葉を集めて火をおこし、夜が明けるまでそれを囲ませることにした。周囲が宵闇に包まれると、担任の男性教師が「今日はキャンプファイアだ、さあ歌うぞ」と言って、子どもたちと一緒に卒業式のために練習していた川嶋あいの「旅立ちの日に…」を歌い始めた。

杉林の山頂にいくつもの歌声が響き渡った。下を向きながら火にあたっていた住民たちは互いに顔を見合わせると、水が引き始めていた宇津野高台へと下り、壊滅を免れた家屋の二階から毛布やミカンを避難している山頂へと運び上げ始めた。高齢者を毛布でくるみ、ミカンは四分の一にして子どもたちに配った。未明になると燃やす物がなくなったため、男たちは倒壊したアパートの壁板や柱を山頂に担ぎ上げて燃やした。

明日、子どもたちをどこに避難させよう——麻生川は一晩中、そのことばかり考え続けた。

子どもたちをもう一晩山頂で野宿させるのは事実上不可能に近かった。冷たい風と雪にさらされ、子どもたちの多くがすでに衰弱し切っている。何より焚き火で暖を取ろうにも、山頂には燃やせるような木がもう残っていなかった。

残る選択肢は山間の荒町《あらまち》地区まで歩くか、山頂から一キロほど離れた高台にある戸倉中学校に向かうかのどちらかだった。荒町地区へとつながる通路はがれきで寸断されており、戸倉中学校へと向かうにしても一度山頂を下りて津波で壊滅した海抜数メートルの集落を十数分間、子どもたちと一緒に横切らなければならない。万一、その間に再び津波が襲ってきたら、今度こそ子どもたちを守りきれない……。

迷った末に麻生川は翌日昼過ぎ、子どもたちを引き連れて戸倉中学校に向かうことを決めた。重い荷物は運べないし、毛布は中学校にあるだろうからと、夜の間に住民たちが周辺の民家からかき集めてきた布団類は山頂に残していくことにした。電気がないのでパソコンや携帯電話ははじめから諦めていたが、手元に簡素なペンやノートさえないことが麻生川には恨めしかった。この山頂を目指してやってくるだろう救助隊や保護者たちに「児童は無事だ」「これから中学校へ移動する」といったメッセージさえ残しておくことができない。麻生川は仕方なく、住民数名と教頭を「伝言役」として高台に残して戸倉中学校へと避難した。

しかし今振り返ってみると、麻生川のこのときの判断は、あまりに危険な「賭け」だったことがわかる。当時、被災地では余震が頻繁に発生しており、それに伴う津波の後続波も完全には収まっていなかった。そんな状況下で、防潮堤が消滅し、津波の到来を知らせる防災無線も一切機能していない海沿いを子どもたちに十数分間歩かせることがどれほど危険な行為だったか――。

もう一つ、麻生川が大きく読み誤っていたことがある。

麻生川は当時、高台に設置され、町の避難場所にも指定されている戸倉中学校にたどり着くことさえできれば、ひとまず窮地を脱することができると考えていた。

それらがあまりに楽観的な「幻想」であることに、麻生川はそのときはまだ気づけていなかった。

## 戸倉中学校の悲劇

戸倉中学校は戸倉地区で暮らす子どもたち七五人が通う小さな中学校だった。その日は翌日に卒業式が予定されていたこともあり、一、二年生たちが式の準備を、三年生たちは教室で同窓会の入会手続きを済ませていた。

二階建ての校舎が激震に襲われた直後、生徒たちは何度も避難訓練で繰り返してきたように、海から最も離れた場所にある学校の校庭へと避難した。高台の上に建つ戸倉中学校は眼下に海が見渡せるように校舎が海側に建てられており、海と校舎との間に通学路が、校舎と裏山の間を埋めるように校庭が造られていた。鳥瞰《ちょうかん》すると、海、通学路、校舎、校庭、裏山という順番だ。

学校は地域の避難場所に指定されているため、しばらくすると住民が次々と車に乗って集まってきた。

車の誘導を担当していた教務主任の菊田浩文は過去に何度も津波に襲われた経験のある気仙沼市大島出身だったが、そのときはまだ住民への対応で頭がいっぱいで、津波にはあまり注意を払っていなかった。

やがて海面が盛り上がり、バスタブから水があふれるようにして黒い水が一気に学校へとつながる坂道を這い上がって来ると、菊田は「津波が来るぞ」と避難を呼び掛けながら生徒が整列している校庭へと走った。周囲からも避難を促す声が上がり、生徒や住民たちが校庭の先の裏山へと続く土手を目指して駆け出していくのが見えた。校庭はまるで幕を引くように、黒い津波に覆われていく。生徒や住民たちはパニック状態に陥りながら土手を必死によじ登ろうとしていた。

慌てて周囲を見渡すと、ようやく学校にたどり着いたとみられる老夫婦がいた。男性は妻の手を引いている。

危ない――。

気がついたときにはもう走り出していた。菊田の行動をサポートしようと同僚の猪又《いのまた》聡が駆け寄ってきた。菊田は著名な中学バレーの指導者であり、猪又は野球部の顧問でもある。二人は老夫婦を抱きかかえるようにして土手の近くまで運び、朝礼台の上へと押し上げようとした。

その瞬間、菊田と猪又は海とは反対側の沢からあふれるようにして校庭に流れ込んできた津波に頭からのまれた。

濁流の渦に巻き込まれながら、菊田は息をしようと必死にもがいた。海面の上になんとか顔を出そうと試みるものの、片足が朝礼台の隙間に挟み込まれてしまっているらしく、身動きが取れない。流されてきた車が体にぶつかり肋骨《ろっこつ》が折れた。

偶然、海面の上に顔が出たとき、何かの弾みで木の枝にしがみつくことができた。木の枝をつたってしばらく木の幹に体を預けた。その後、生徒たちが避難した場所を目指して四つん這いになりながら裏山へと続く土手を登っていった。

土手の上では生徒たちが懸命の救助活動を続けていた。男子生徒たちは着ていたジャージーをロープのようにつなぎあわせると、それを濁流に投げ入れて流されていく生徒を土手の上へと引きずり上げたり、助け出された心肺停止状態の地域住民たちに授業で習ったばかりの蘇生法を試みたりしていた。一定のリズムで心臓を押すが、ほとんどの心臓は動かない。

夕方、裏山の中腹にある精密機械工場が無事であることが判明したので、生徒や住民たちは工場へと向かい、精密部品を包むプラスチックシートにくるまって夜を明かすことにした。直後、学校の下で見つかったという男性が工場内に運び込まれてきた。顔を見ると、数週間前に生徒たちに蘇生法を指導してくれた消防署員だった。低体温症に陥っているらしく、すでに意識が失われていたが、男子生徒たちは着ていた体育用ジャージーを脱ぎ捨て、上半身裸になって冷たい体に抱きついた。

「人間カイロだ。やってやる」

しばらくすると、消防署員の顔が徐々に赤みを帯び始め、奇跡的に意識を取り戻した。

翌朝、教師たちが水の引いた中学校の校庭に向かうと、男子生徒一人を含む十数人の遺体が横たわっていた。

これからどうすればいいんだ――教員たちはただただその場に立ち尽くすだけだった。

麻生川が率いる戸倉小学校の一行が命がけで戸倉中学校に到着したのは、まさにそんなときだった。屋上にまで津波が達した戸倉小学校ほどではないものの、戸倉中学校も一階部分が水没し、食べ物はもちろん、寝る場所すらままならない。

教師たちは協議の結果、その日は中学校のコンピュータールームに子どもたちを集め、一枚の毛布に三人でくるまらせて夜を明かすことにした。

震災三日目の朝が来たとき、教職員たちは救援隊が登米市への脱出路を開いてくれたことを知る。救助に駆けつけてくれた登米市の消防団を先頭にして壊滅地域を約一時間歩き、荒町集落に到着してからは乗り合いバスを使って、避難所が開設されていた登米市内の中学校の体育館へと子どもたちを運んだ。

体育館のフロアには登米市民の善意によって布団が準備されていた。炊き出しによって配られた温かい汁に口をつけると、麻生川の胸には安堵《あんど》と共に別の不安が忍び込んできた。

どれだけの児童が家や肉親を失ったのだろう――。

学校を再開できるのだろうか、と麻生川は体育館の天井を見ながら一人思った。

## 教師たちとの対話

戸倉小学校の始業式を取材した後も、私は取材の空き時間ができる度に戸倉小学校や戸倉中学校が間借りしている登米市内の廃校へと頻繁に通った。取材本来の目的だけでなく、児童や生徒たちと一緒に廃校のグラウンドで焼き芋を食べたり、運動会で一緒にリレーを走ったり、特別学習の一環として一緒に漁船に便乗してわかめの種付けをしたりした。

廃校は南三陸町から車で約一時間の距離にあり、周囲を長閑《のどか》な田園風景に囲まれている。被災地の現実を離れて本来の表情を取り戻したように笑う子どもたちの写真を撮れることは取材者として素直に嬉しいことだったし、震災の「絵」を重視しがちなテレビメディアがほとんど取材にやってこないのも有り難かった。

何より、現場の第一線で働く教師たちと深く語り合える時間を持てたことが、私にとっては有益だった。管理が徹底されている今の学校組織では、校長や教頭といった「広報担当者」でもない限り、現場の教師と記者が学校の直面している課題や疑問を率直に話し合える機会などほとんど存在しない。何かの取材で授業の現場に入れたとしても、そこで聞けるのは先駆的な授業の「宣伝」か、事前に作られた外向きの「発表」ばかりで、私自身、現場の教師と――特に若い教師たちと――本音で何かを語り合った経験がなかった。

　私は今でも、今回の震災で最も力を尽くしたのは被災地の教師たちではなかったかと思っている。メディアでは震災後、自衛隊や警察官、消防士たちの活躍ばかりが取り上げられたが、被災地の教師たちが彼らと大きく違っていたのは、教師たちの多くが家族を亡くしたり自宅を流されたりした被災者であったにもかかわらず、「それぞれに異なる事情を抱えた子どもたちを受け持つ」という極めて特殊な事情から、自衛官や警察官のように被災地外から派遣されてくる応援要員と交代することができず、休みなく常に第一線に立ち続けなければならなかったという事実である。

　泥で汚れた長靴を履いて一緒にドラム缶の火にあたったり、支援物資として送られてきた膨大な学用品の山を図書館で肩を並べて仕分けしたりしながら、我々は何時間も今後の教育の有るべき姿について語り合った。四〇代のある男性教師は「今回の被災で自分がなぜ教師をしているのか、明確にわかった」と話していたが、あるいは、それこそが現場で働く教師たちの本音であったように思う。教育が「行政」の一部に組み込まれ、教師や授業が為政者による「評価」の対象になってしまった今、多くの教師たちが「人が人を教える」という教育の原点を離れて「システム」の一部に成り下がってしまい、自らの経験や想《おも》いを子どもたちに伝えたくても、それができずに苦しんでいる。津波で

「物」が失われ、学校で勉強したいという子どもたちの気持ちだけが残されたとき、彼らは初めて「教育とは何か」という大きなテーマに向き合うことができたのではなかったか——。

## 壊滅校舎での卒業式

それ故に、戸倉中学校が二〇一一年七月に四カ月遅れで開いた卒業式は、これまでいくつもの学校行事を取材してきた私にとっても、ひときわ印象深いセレモニーだった。すでに高校生になっていた「卒業生」たちは、震災翌日に予定されていた卒業式が四カ月後の夏休み中に実施されることを知ると、その式典を現在学校が転居している登米市内の廃校ではなく、壊滅した戸倉中学校で開きたいと教師たちに申し出た。壊滅を免れた二階部分にはまだ式典の飾りが残っているはずだったし、何よりもあの日の記憶から新しい人生を踏み出したいのだと彼らは教師たちに直訴した。

二〇一一年七月三一日、水も電気も止まったままの校舎の二階にそれぞれの高校の制服を着た三〇人の「卒業生」たちが集まった。何もかもがあの日のままで静止した風景の中で、代表の卒業生は周囲のすすり泣く声にかき消されながら、次のような答辞を読み上げた。感動的なスピーチなので、割愛しないで掲載したい。

「三月一一日、私たちは卒業式を翌日に控えて最後の中学校生活を過ごしていました。中学三年間を振り返ってみると、数えきれないほどの思い出があります。しかし、そんな楽しい時間も千年に一度といわれる大津波が変えてしまいました。

午後二時四六分、突き上げられるような揺れ。全校生徒が校庭へと避難し、先生が『もっと高い所に逃げろ』と指示を出した直後、まだ高い所に逃げきれていない生徒や地域の方がいるのに、津波は容赦なく押し寄せてきました。建物が、車が、そして人が流されていくのを見て、涙も出ず、一睡もできず、夜が明けたとき、私の目の前にはまるで現実とは思えないような光景が広がっていました。あの美しかった戸倉の町は何一つない平地になり、残っているものといえば人々の悲しみでした。

私は親類を亡くしました。小さい頃から私を可愛《かわい》がってくれた私の大切な存在でした。今でもふとその人のことを思い出します。親類、先生、先輩、後輩、私の大切な人たちの命が奪われました。家や思い出ならこれから新しく作っていける。しかし、人の命だけはいくら帰って来て欲しくても、もう二度と帰っては来ません。私は生かされたこの命を決して無駄にはしません。

この震災で私たちの生活は大きく変わりました。私は親元を離れ、高校の避難所で生活していました。私も含め、卒業生三〇人はそれぞれ新しい生活を送っています。今こうしてみんなに会え、卒業式を迎えられたこと、これほど嬉しいことはありません。この日を迎えることができたのも先生方、保護者の方、そしてみんなのお陰です。

これから先、またくじけてしまいそうな困難にぶつかるかもしれません。しかし、こんな大きな震災を乗り越えた私たちなら大丈夫です。もしだめだと思ったら誰かに手を借りてもいいから、これからの将来悔いのないように生きましょう。それがこれからを生きる私たちの使命だと思います」

# 第六章
# 異端児の挑戦

# 出荷できない肉

駐在記者としての生活が徐々に落ち着き始めると、私は安否確認を兼ねて駆け出し時代にお世話になった宮城県内の関係者の自宅や避難先を回り始めた。

最初に足を運んだのは、震災直後にも訪れた東松島市にあるフリースクール「創る村」だった。事前に電話で訪問を伝えると、彼らは施設の前でバーベキューの準備をして私の到着を待ち受けていた。倒壊した家屋の廃材を薪代わりにして盛大に火をおこし、流出した公共施設のフェンスのようなもの（たぶん学校のフェンスだと思う）を網代わりにして分厚いステーキを焼いている。

「知り合いの精肉業者が無料でくれたんです」と私の顔を見るなり不登校児たちが嬉しそうに言った。

「無料で？」

「ええ。原発事故の影響でなんだか急に売れなくなってしまったみたいで……」

「おいおい、そんな『事実』を新聞記者の前で言うのはやめなさい」と「創る村」を主宰する飴屋善敏が子どもたちの隣で肉をあぶりながら言った。「いやね、精肉業者の友人がわざわざ持ってきてくれたんですよ。こんなおいしい牛肉を捨てるのはもったいないからって」

私は引きずり込まれるようにして煙の輪の中に加わった。紙皿に放り込まれたステーキは噛《か》むと肉汁が口からこぼれ落ちそうなほどの霜降りで、子どもたちはそれらをフェンスの上で奪い合うようにして口に放り込んでいた。私はそれらの肉がなぜ売れなくなったのか、その理由についてはいっこうに気にならなかったが、網代わりに使っているフェンスから変な化学物質が溶け出していなければいいがと若干懸念しながら牛肉を食べた。

満面の笑みで肉を頬張る子どもたちの横顔を見ながら、私は「このたくましさは何だろう」と嬉しく思った。辛うじて半壊状態で持ち堪《こた》えている「創る村」の施設を除けば、周囲の集落はほぼ完全に壊滅している。満足な公的サポートも受けられない状況のなかで、彼らはそれまでと変わらず――あるいはそれまで以上に――生き生きと生活を送っている。海から食料を調達し、発電機を使って電気を起こし、流木を燃やして風呂を焚く。津波によって大きな被害がもたらされた周囲とは対照的に、彼らは生きていくために必要な生活基盤をそれほど失ってはいないのだ。

その一方で、「創る村」はその頃、経済的な側面から見れば、かなり厳しい状況に追い込まれていた。「創る村」では震災前、敷地の一角に新たな建物を建設し、成人した元不登校児たちが中心となって四月から老人介護のデイサービスを始める予定だったが、肝心の施設が完成後に津波で半壊状態になってしまっていた。鍵の引き渡し後なので建設業者に修復を求めることもできず、福祉施設として稼働する前なので行政に保険や再建補助を申請することも適わない。「創る村」はそんな制度的な狭間《はざま》に落ち込んで、銀行から借りた多額の建設費用の返済を迫られていた。

それでも、フリースクールを主宰する飴屋は暗い顔一つ見せずに、子どもたちと一緒に歌を歌ったり、ろくろで陶芸作品を作ったりしながら、自らの中に震災の意味を見いだそうとしていた。

「最近、色々なことを考えます」と飴屋は私にこんな打ち明け話をしてくれた。「震災の記憶をどうやって子どもたちに引き継いでいくか。被災地の子どもたちはたぶん、この経験を一生忘れないでしょう。問題は東京や大阪といった都会で暮らす子どもたちです。彼らは近い将来、必ず忘れる。震災がテレビやパソコンを通じて頭脳にインプットされているからです。日頃からゲームや映画でショッキングな映像を見慣れている彼らにとって、画面を通じてインプットされる情報はリアリティーを持ち得ず、あっという間に忘れ去られてしまう」

なんとかならないですかね、と飴屋がいつになく寂しそうに言うのを聞いて、私はある人に電話を掛けてみようと思いついた。帰り道、コンビニエンスストアの駐車場に車を停《と》めてスマートフォンの発信ボタンを押すと、数秒後、「おう、元気か」という威勢のいい声が跳ね返ってきた。

「お久しぶりです」と私は電話口の冒険家に明るく言った。「一つ相談があるんですが、東京の子どもたちを被災地に連れてきていただくことはできませんでしょうか」

「被災地に？」と冒険家は少し驚いたような声で私に聞いた。「東京の子どもたちを？」

「そうです」と私は言った。「東京の子どもたちに被災地の現実を見せてあげてほしいんです」

## 「手負い熊」の参戦

私が世界的な冒険家である風《かざ》間《ま》深志《しんじ》と知り合ったのは二〇一〇年の夏だった。バイクによる史上初の北極点・南極点の到達を成し遂げ、垂直方向でもチョモランマ挑戦時の「六〇〇五メートル」という当時の世界最高記録を保持している風間は一九八八年、音楽家の宇《う》崎《ざき》竜童《りゅうどう》や作家の椎《しい》名《な》誠《まこと》らと一緒に「地球元気村」というNPOを立ち上げ、その活動の一環として当時は首都圏のシングルマザーやその子どもたちを集めて「シングルマザー親子のアウトドア体験教室」というイベントを開催していた。その催しに私が偶然取材で訪れたのだ。

イベントを紹介してくれた知人によると、野外でのキャンプはとりわけ、シングルマザーたちにとって参加のしにくいイベントであるらしかった。テントを設営したり、炭をおこしたりという作業がそもそも父親の得意分野であるだけでなく、母子でキャンプ場に向かおうとするとどうしても、父親を中心にキャンプを楽しむ家族の姿と対面してしまう。「それならば、同じ境遇にある家族がみんなで行けばいい、俺がまとめて連れて行ってやる」というのが当時、風間が考案した「アウトドア体験教室」の趣旨だった。

キャンプ当日は頭上に抜けるような青空が広がっていた。NPOが準備したバスに乗り、清里《きよさと》近郊の清流で降りると、風間は早速参加者全員に釣り竿《つりざお》と餌を手渡し、「さあ皆さん、これで昼食を釣ってきてください」と笑いながら命令した。もちろん、参加者のほとんどが釣り竿を握ったことさえない素人ばかりだ。風間はそんな母子の一人ひとりにつきっきりで餌の付け方や竿の振り方を教え、運良く魚が針にかかると、それを母親ではなく子どもたちにさばかせ、焚き火で焼いて焦げたまま食べさせた。夜、子どもが寝静まった後には母親たちだけがキャンプ施設の一室に集まり、普段抱えている悩みや不安を互いに打ち明け合う。「シングルマザー・キャンプ」は私がこれまで取材してきた多くのイベントの中でもとりわけ参加者の満足度の高い催しだった。

その夜、私は偶然、風間とキャンプ施設の風呂場で鉢合わせになった。私がイベントについての感想を述べると、風間は満足そうに数年前の大怪我《おおけが》の痕を――彼は出場していたパリ・ダカール・ラリーでコース上に暴走してきた大型トラックにはね飛ばされ、左の膝から下を粉砕・複雑骨折していた――披露し、湯船につかりながらバイクで垂直方向に挑むことがいかに馬鹿げた行為であるのかを私に熱っぽく語ってくれた。

「南極点とか北極点を目指して極地をバイクで走っているときは、そりゃむちゃむちゃ寒いけれども、なんとなく気持ちがいいんだ。目標にどんどん近づいていく達成感があるからね。でも、垂直方向はダメだ。バイクには全然向いてない。チョモランマを登ったときもね、最後の数メートルはどうするかわかる？　担ぐんだよ、バイクを担ぎ上げるの。吹雪の中で死にそうになりながら、重たいバイクを担ぎ上げて叫ぶんだよ。『俺の夢は重いなあ』って。それで六〇〇五メートルまで登ったんだ――」

私はキャンプ施設の湯船で大笑いしながら、風呂を上がる頃にはもう、この冒険家に完全に魅せられていた。風間はパリ・ダカール・ラリーで左足を複雑骨折した後、本格的な冒険やレースには参戦できなくなり、以後は自らを「手負い熊」と称して、骨や関節、筋肉、神経などの運動器の大切さを訴えながらバイクでユーラシア大陸を横断したり、南米大陸を縦断したりする活動を続けていた。「これからは人のためになるようなことをしたいんだ」と彼は湯船の中で自分に言い聞かせるように言っていた。

だから私は震災直後、最初の被災地取材の途中で風間の動向が気に掛かり、彼の事務所に電話を掛けた。「風間さん、今どこにいるんですか」と私が尋ねると、風間は苦しそうに「東京」と答えた。

「東京？」

「うん、小平《こだいら》」

「何をしているんですか？」

「今？　何もしてない……」

「何もしていない……」

その一言が冒険家の心に火をつけたようだった。私からの電話を受けた風間はすぐさまオフロードバイクの仲間を引き連れて、翌週にはもう被災地の最前線に乗り込んできたのである。沿岸部を一巡りして南三陸町と石巻市の境にある観光名所「神割崎《かみわりざき》」のキャンプ場が空いていることを発見すると、そこにすぐさま「ベースキャンプ」を設営し、バイク愛好家たちのネットワークを駆使して、自分たちに何ができるのか、具体的なアイデアを募り始めた。

風間やバイク乗りたちが現場で考え出したのは、オフロードバイクを使った「御用聞き」のボランティアだった。当時、被災地ではまだ、津波で道路自体が流失していたり、地盤沈下で路面が冠水していたりして、普通車では通行できない道が至る所にあった。

風間たちはそんな逆境を逆手に取って、オフロードバイクで孤立した避難所や集落を回り、そこで必要とされている物資やボランティアのニーズを直接町役場やボランティアセンターに伝達しようと考えたのだ。

ちょうど、支援の偏在化が問題になり始めていた時期でもあった。当時、被災地にはようやく全国から支援物資が届き始めていたものの、それらのほとんどは市役所や町役場のある中心部に配達されてしまい、遠く離れた遠隔地の避難所や体育館にはなかなか行き渡らない状況が続いていた。風間やオフロードバイクの愛好家たちはバイクで遠隔地をグルグルと回って被災者から物資やボランティアのニーズを聞き出すだけでなく、町役場などで受け取った支援物資をバイクにくくりつけ、受け取りに来られない被災者に配って回った。

バイク乗りたちは数週間単位でベースキャンプに泊まり込み、互いに引き継ぎをしながら交代で被災地でのボランティア活動を続けていた。南三陸駐在になった私も週に一度はベースキャンプに立ち寄り、栄養ドリンクを差し入れたり、一緒に駐車場で夕食を食べながら被災地の情報交換をしたりした。バイク乗りたちは皆真っ黒に日焼けし、深夜遅くまで翌日訪れる集落の情報確認や配達する支援物資の点検作業などに迫われていたが、やがて被災地に携帯電話の臨時基地局が設置されて遠隔地との通信が可能になると、オフロードバイクによる「御用聞き」はその有効性を失い、ベースキャンプに寝泊まりするバイク乗りたちの数も徐々に少なくなっていった。

七月に入って活動日数が一〇〇日を迎えた頃、風間は被災地における活動からの「一時撤退」を決めた。最終日に開かれた解散式では集まったバイク乗りたちを前にこんな風に宣言してみせた。

「『御用聞き』の活動は今日で終わるが、もちろんボランティアがこれで終わったわけじゃない。被災地は依然こんな状況だし、日本人としてやらなきゃいけないことはまだまだたくさんあるはずだ。俺たちに何ができるのか、少し休んで考えてみよう。良いアイデアが浮かんだら、迷わず電話をしてほしい。俺はこの通り馬鹿だから、被災地のためになることだったら怪我を恐れずに全力でやる――」

## 子どもに被災地を見せるべきか

「よし、やろう。来週石巻に行く予定があるから、早速企画を詰めさせてくれ」

東京の子どもたちを被災地に連れてきてくれないか――そんな私の要請を風間はその場で快諾し、すぐさま企画の準備に取りかかり始めた。

子どもたちに被災地を見せるべきかどうかということについては当時、家庭や学校現場でも大きく賛否が分かれていた。多くの人命が失われた凄絶な現場を多感な世代に直接見せるという行為は、一定の教育的効果は否定できないものの、将来的には子どもたちの成長に悪い影響を及ぼすのではないかと一部の専門家が懸念を表明し、多くの保護者たちもそう考えていた。全国的には東北地方への修学旅行を延期したり、取りやめたりする学校が続出しており、多くの学校がその行き先を関西・九州地方へと変更していた。

私自身も南三陸町に着任した当初は多くの命が失われた光景を子どもたちに直接見せるという行為が本当に良いことなのかどうか、すぐには判断できなかった。それでも被災地の小中学校を何度も取材で訪れているうちに、自分なりの考えが次第に固まっていった。

〈子どもたちには無理のない範囲で、ありのままの被災地を見せた方がいい――〉

そう自然に思えるようになったのは、被災地で出会った教師や親たちの影響が大きかった。南三陸では彼らの多くが子どもたちに対し、今回の災害を悪夢として回避するのではなく、実際に自分たちに起こった出来事としてしっかりと受け止め、そこから何をすればいいのか、自らの頭でしっかりと考えるよう指導していた。あるいは、そうするしか他に方法がなかったのかもしれない。多くの児童・生徒が身内や友人を亡くし、故郷というアイデンティティーを失っていた。生まれ育ったこの町をどうすればいいのか、これからどうやって生きていけばいいのか、現実を現実として正面から受け止め、それを嚥下《えんげ》しなければ、前に進むことができなかったのだ。

そしてそれは同時に、被災地の子どもたちだけに限定されることではないように私には思えた。東日本大震災が引き金となって次々と浮上してきた問題は――どんなに矮小《わいしょう》化《か》して考えてみても――被災地だけに留まる性質のものでは決してなかった。幾重にも沈み込むプレートの上に連なる列島で、次なる災害にどう備えるのか。国家予算の何倍もの負債を背負った借金国家で、復興資金をいかに捻出するのか。石油も石炭も持たず、産出国からも遥かに遠い極東の島国で、将来のエネルギーをどう確保するのか。それらの問いに対する答えを今後、国民の一人ひとりが自らの責任によって選択していかなければならないのだとすれば、その前にどうしてもその「土台」となる現実を自らの中に取り込んでおく必要がある。

子どもたちを集団で被災地に連れてくるという試みは、行政や学校といった単位では市民や保護者の懸念や反対が強すぎて難しいことはわかっていた。でも、それが冒険家が主宰するＮＰＯ団体の企画であればどうだろう――私と風間はそう考えたのである。

翌週、風間が早速南三陸町に駆けつけてきたので、二人で早々に打ち合わせを持った。風間はすでに周囲の関係者と協力して具体的な企画のプランを練り上げているらしかった。首都圏から被災地への移動手段については、自身のスポンサーでもあるバス会社から大型バスを格安で借り上げ、被災地での宿泊場所についても風間たちがかつて「御用聞き」として活動していた地域から「うちの集会場を使いなさい」との申し出を受けているようだった。参加者にはそこで雑魚寝をしてもらい、被災者たちが震災直後にそうしたように、カップラーメンをすすったりレトルトのカレーを食べたりしてもらう計画だという。

私はその打ち合わせの場で、企画に「創る村」の子どもたちを加えてみてはどうだろうかと提案してみた。彼らは海から押し寄せてくる津波を実際に目撃しているし、その後、流されていく近隣住民を自力で救助してもいる。参加者とほぼ同年代の子どもたちが、そのとき何を考え、どう動いたのか。それを体験者の口から直接語ってもらうことで、参加する子どもたちがより現実味を持って被災地を捉えられるようになるのではないだろうかと考えていた。

打ち合わせの最後、私はもう一カ所だけどうしても子どもたちを連れて行きたい場所があると風間に伝えた。

「どこだい？」

「戸倉小学校です」と私は言った。「屋上まで津波に飲み込まれた小学校です。当時子どもたちは裏山に逃げて助かった。その水没した小学校と逃げ込んだ裏山の小さな神社の両方にできれば子どもたちを連れて行きたい」

「そんな場所、入れるの？」

「戸倉小学校の内部は津波でぐちゃぐちゃに壊されたままで、鉄筋が壁から飛び出していたり、床に穴が空いていたりしていて、確かに安全とは言えません。事前に町に許可を願い出てもたぶん――と言うよりも絶対に――許可は下りないでしょう」

「それでも、その現場を子どもたちに見せたい？」と風間はいたずらっぽく笑って言った。私は黙って頷《うなず》いた。

「よし、わかった」と風間は言った。「どれだけ危ないかを事前に視察した上で、それほど危険性がないようであれば、『偶然』立ち寄ったことにしよう。責任はすべて俺が持つ。子どもたちに現実を見せよう。被災地は危ないという事実も含めて――」


「がれきの学校」


冒険家・風間深志が校長を務める「がれきの学校」は二〇一一年七月中旬に初開催された。二泊三日の日程に子ども一〇人とその保護者ら計一八人が参加した。

結論から言うと、初回は大失敗だった。肝心の参加者がまったく集まらなかったのだ。

風間にとってもこれは相当予想外だったらしい。風間は企画を立ち上げた直後から知り合いのライターや編集者に頼んで事前にいくつかの告知記事を新聞や雑誌に掲載してもらっていたが、掲載から二週間が過ぎても風間の事務所にはいっこうに参加希望の電話が掛かってこなかった。懇意にしているツーリング団体や環境保護団体に協力を呼びかけてみても、「すごく意義のある企画だと思う」と口では褒めてくれるものの、実際に参加をお願いしてみると「うちの子どもを連れて行くのはちょっと……」とほとんどの知人が尻込みしてしまうのだ。

結局、開催数日前の段階で参加が確定していたのはわずかに二人。風間は真っ青になって近隣の小中学校を回ったり、かつての恩師や知人に電話を掛けたりして、出発前日になんとか定員を埋めることができたときにはもうクタクタに疲れ果ててしまっていた。

企画自体にもかなりの無理があった。開催当日は運悪く気温が三〇度を超える真夏日になってしまい、ただでさえ都会のクーラーに慣れきっている子どもたちは炎天下、津波で建物が流失したまったく日陰のない被災地を延々と歩き続けなければならなかった。当然、カップラーメンとレトルトカレーの食事だけではもつはずがない。講師として参加してくれた「創る村」の子どもたちも自らの経験を一生懸命話してくれたものの、人前で話すことが苦手な不登校児もいて、震災当時の状況が十分に伝わったとは言い難い状況だった。

津波で壊滅した戸倉小学校の訪問については事前のスケジュールには入れず、バスで「偶然」近くに立ち寄り、風間が「偶発的」に思い付いて希望者と一緒にヘルメットをかぶって中に入るという「段取り」で決行した。

校舎に入ると、参加者たちの目の色が変わった。放り出されたままのランドセル、黒板に残る日直の文字、カキの殻が打ち上げられた屋上、泥にまみれた音楽室のオルガン、下駄箱に残された名前付きの上履き、二時四六分で止まった壁時計、粉々に破壊された便器、ガラスに張り付いたままの通知表……。子どもたちが日頃、学校で日常的に目にしている物々が変わり果てた姿で転がっているその風景を前に、参加した少女の一人が震えながら母親の背中に抱きついて泣き出し始めた。

そこから一転、あの日子どもたちがそうしたように、裏山の神社へと駆け登る。国道を渡って高台へと続く狭い坂道を登り、山頂へと続く石段の上から海を眺めた。子どもたちが一晩を過ごした崩れかけた神社の前では、参加者全員が目を閉じてセミの鳴き声を聞いた。今は暑いが、あの日はどれほど寒かっただろう。「ここで本当に一晩過ごしたのですか?」と参加者の一人が声を震わせながら風間に尋ねた。

ひたすら暑く、プログラムも順調に進まず、二泊三日の日程を終了したときには、参加者も主催者もその場にぐったりと座り込んでしまっていた。主催者側は被災地の現実を必死に伝えようと努めたものの、それが参加者側にどの程度伝わったのかについては感触さえも得られなかった。私自身、東京からの参加者を廃墟となった戸倉小学校に連れて行ったり、裏山の神社に案内したりしたことがどこまで正しいことなのか、最後まで自信が持てなかった。参加者に感想を聞こうにも、彼らも——そして我々も——あまりに疲れ果ててしまっていた。

ところが、企画が終わって数日が過ぎた頃から、嬉しい「誤算」が生じ始めた。風間の事務所に続々と企画に参加した子どもたちやその保護者から感想文のようなものが送られてくるようになったのだ。それによると、子どもたちは確実に「苦しんでいる」ようだった。被災地の現実を目の当たりにし、それを自らの中に取り込もうと頑張っているが、それができずにもがいている——それが保護者たちが感じている子どもたちの大きな変化らしかった。

数日後、風間は「がれきの学校の二回目を開催するつもりだ」と私に電話で連絡してきた。旅行事業者でも教育者でもない一介の新聞記者がそれらの企画に継続的に参加する社会的リスクを私は十分に理解していたが、私は「できる限り協力します」と即座に風間に約束した。

その頃、私は悩んでいた。被災地に駐在しながらその現実を連日記事として新聞に発表しているものの、心の中ではいつもどこかで「できれば直接人に会って生きた言葉で現実を伝えたい」という衝動を抱えていた。この震災は文章や映像では決して伝えきれないということを、私は被災地に入った早い段階ですでに気づいていた。被害があまりに深刻すぎるし、何より範囲が広すぎるのだ。

「がれきの学校」は毎月一回のペースで開催され、その後テレビや新聞で紹介されたこともあり、二回目以降の定員は告知後すぐに満員になった。風間のもとには取材が殺到するようになり、私が電話を掛ける度に彼は「被災地を見たいという子どもたちがいる限り、『がれきの学校』を続けるつもりだ」と嬉しそうに宣言していた。「学校」を続けることが簡単ではないことは彼も私も十分理解していた。風間の職業は冒険家であり、旅行業界の人間ではない。彼は当初から一連の企画を利益を度外視して設計しており、開催を重ねる度に事務所の負債が膨らんでしまう仕組みになっているのを、私は事務所の関係者から聞かされていた。それでも風間は「これは俺のボランティアだ」と周囲の反対を押しのけ、若いバイク乗りたちにスタッフとして加わってもらったり、懇意のバス会社に大型バスを格安で使わせてもらったりしながら子どもたちを被災地に引率し続けていた。

風間は根っからの冒険家であり、俳優やアナウンサーのように人前で上手に話ができる人間ではなかったが、何回目かの「がれきの学校」のなかで、彼が子どもたちの前で披露した話が忘れられない。彼は若い頃にバイクで到達した北極点や南極点と目の前の被災地との共通点について、子どもたちの前でこんなふうに話して聞かせた。

「北極や南極に行くとね、自分がいかにちっぽけな存在かっていうことがわかるんだ。そこでは自然は大きくて、強くて、もう絶対的なんだ。でもね、東京とかそういう都会で暮らしていると、なんだか人間が急に偉くなって、自然を制圧したみたいな、そんな勘違いをしちゃう。これが危ないんだなあ。だってさあ、人間は今も自然をまったく制圧できてなんかいないんだぜ。だから自然は時々、どっちが強いのか、人間に見せつけにくる。地震や津波や台風が襲ってきたとき、人間は絶対に自然には勝てないことを思い知らされるんだ。じゃあ、僕らはどうすれば良いんだろう？　自然におびえて暮らす？　コンクリートの家を造ってその中に隠れる？」

風間は困ったような顔つきの子どもたちを見回して笑った。

「大事なことはね、いつだって『逃げる』ってことなんだよ。危なくなったら一目散、スタコラサッサと逃げちまう。でも逃げるためには、日頃から大自然に触れて、自然の怖さやその前触れを十分に知っておくことが必要なんだ。雨が降ったら川はどうなるのか、地震が起きたら山はどうなるのか、津波が起きたら海はどうなるのか。自分の目で見て確かめて、もし自然が襲ってきたときに、しっかりとそこから逃げられるようにしておく。人間は自然には絶対に勝てない。それを知っているから逃げるんだ。自然の怖さは自然のなかでしか学べない。コンピューターゲームじゃ絶対に学べないことなんだぜ――」

# 第七章
# 新しい命

## 台子の「秘密」

遠藤台子《たいこ》と出会ったのは取材拠点を置いている南三陸ホテル観洋のロビーだった。

南三陸ホテル観洋にはいつも笑顔の接客係がいて、周囲からは「台子さん」と呼ばれていた。台湾で「台蘭《たいらん》」という名前だったので「台子さん」。その由来を聞いたときには少し安直な気もしたが、本人はその出身地の字を借りた日本語名をとても気に入っているらしかった。

その日、私がいつものようにロビーの片隅で朝食用のカロリーメイトを食べていると、彼女が紙コップに水を入れて運んできてくれたので、私たちはいつもより長く世間話をした。台子は自らの半生を面白おかしく語ってくれた。台湾の大学で日本語を学び、日本の温泉旅館で通訳として働いていたときに日本人の夫と知り合った、ところが結婚後に連れて行かれた彼の実家は山道を二〇分も登ったすごい山奥で、だから雪が積もると外には一歩も出られなくなるし、宿泊者の朝食を担当する「早番」の日には毎朝四時半に起きて家を出てこなければ間に合わないのよ……。

そんな世間話の中で彼女はふと、「そうそう、今度、私の長女に赤ちゃんが生まれるのよ」という慶事を漏らした。「すごいじゃないですか」と私が喜ぶと、彼女はなぜか表情を曇らせ、「あまり人には言わないで。ちょっと事情が複雑なのよ」と言った。

そのとき、私が台子から聞いた「打ち明け話」は、それまで被災地で取材をしていてもちょっと耳にしたことがないような話だった。

台子の長女・エリカは震災六日前の三月五日に新郎と結婚式を挙げた。ところが、新婚七日目の三月一一日、新郎は津波にのまれて亡くなってしまった。その日はちょうど新郎が役場に婚姻届を出しに行く日で、新郎は地震の発生後に自宅に戻り、地域の高齢者を避難させた後、津波に巻き込まれたらしかった。

新婚夫婦にはさらに複雑な事情があった。当時、新婦のお腹《なか》の中には妊娠六カ月の赤ちゃんがいたからである。新婦は絶望の中で出産を決めた。新郎の遺伝子をこの世に残したいと思うと同時に、そこには新郎の母親――つまり彼女の姑《しゅうとめ》――に関する事情があった。新郎の母親にとって、お腹の中の赤ちゃんこそが、この世に残された唯一の「家族」だったからである。新郎の母親は震災当時、両親や子ども二人と石巻市内で暮らしていたが、自分を除く家族四人をすべて津波で亡くしていた……。

翌日、私は中古のジープに乗って山間部にある台子の自宅へと向かった。台子から話を聞いた直後、私は「(長女の)エリカさんから直接話を聞かせていただけませんでしょうか」と願い出ていた。台子からは翌朝、「娘は『自宅に来てもらえるのであれば、構わない』と言っている」との連絡を受けていた。

教えられた一軒家は、南三陸ホテル観洋から車で四〇分ほど行った人里離れた山間部にあった。車を停めて呼び鈴を押すと、玄関口にお腹の大きな細身の妊婦が現れた。それが台子の長女・エリカだった。手短に自己紹介した後、細い廊下の先にある八畳ほどの和室へと通された。彼女は途中、「今日は義母も家に来ているので、一緒に取材を受けてもいいでしょうか」と私に聞いた。「もちろんです」と私は答えた。

和室に入ると、四〇代とみられる美しい女性が仏壇の前に正座していた。どうやら彼女が亡くなった新郎の母である奥田江利子《えりこ》らしかった。和室の壁側には献花台のような長いテーブルが設置され、四人の遺影が並べられていた。江利子は私の方を振り返るとわずかにお辞儀し、「奥田です」と小さく姓を名乗った。そして、ゆっくりと祭壇へと視線を移しながら、「私の息子、娘、そして両親です」と消え入るような声で私に言った。

江利子とエリカ。

一文字しか名前の違わない二人の女性を前に、私はしばらくの間、口にすべき言葉が見つからなかった。結婚したばかりの新郎を失った新婦に、あるいは二人の子どもと両親を同時に亡くした母親に、当事者になり得ない新聞記者は一体どんな言葉を掛ければいいのだろう――。

「この度は……本当に……」

震える唇で何か言おうとしたが、どうしても次の言葉が出てこない。

「本当に……本当に……」

頭を振りながら恐る恐る視線を上げると、二人の女性が両手で顔を覆っているのが見えた。

## 銀色のネックレス

江利子とエリカはそれから三時間ほどかけて私に数カ月前の経験を語ってくれた。

あの日、二人は石巻市内のレストランで一緒にランチを食べていた。その日はちょうど、エリカの新郎であり、江利子にとっては長男である智史が役場に婚姻届を出しに行く日で、二人はお祝いのランチを食べながら智史からの連絡が来るのを一緒に待っていた。

店内が激しく揺れたとき、江利子は真っ先に新婦のエリカを心配した。エリカのお腹には赤ちゃんがいる。江利子は母子に何かあっては大変だからと、まずは車でエリカを山間部の実家へと送り届け、その後、自らの自宅がある石巻市の海沿いへと向かった。

自宅は津波の浸水区域内にあり、カーラジオのニュースは大きな被害が出ていると伝えていた。夕暮れ前、なんとか自宅手前の集落まではたどり着けたものの、道路が崩落して家までは近づけなかったため、その日は近くの体育館で夜を明かし、翌日は自宅周辺で四人の家族を捜し続けた。しかし、どうしても見つからない。親類の家に身を寄せて朝を迎えると、知人が江利子のもとを訪ねて来て「智史の遺体が見つかったよ」と突然言った。

「嘘《うそ》……でしょう？」

不意に告げられた息子の死に、江利子は気がおかしくなりそうだった。そんなことがあるはずがない、智史は八日前に結婚したばかりだ、新婦のお腹の中には赤ちゃんがいて四カ月後には生まれてくるのよ――。

同時に、悲しみとは別の恐怖が江利子を頭から飲み込んだ。もし息子の死が本当だとするならば、その事実をどうやってエリカに伝えればいいのか――。

「絶対に私の口から伝えなきゃ」

江利子はすぐさま車に飛び乗り、自らハンドルを握ってエリカが暮らす山間部の実家へと向かった。自宅の前でエンジンを止めると、エリカが真っ青な顔をして玄関口から飛び出してきた。

「智史、大丈夫だったでしょう？」とエリカは何かを確認するように江利子に聞いた。

「エリカ、しっかり聞きなさい」と江利子はあえて突き放すように言った。「智史は遺体で見つかったみたいだ」

するとと次の瞬間、エリカの髪の毛が静電気でつり上げたようにふわぁと立ち上がったのだ。そして、まるでガラスに爪を立てたような声で「ふざけないでよぉー！」と大声で叫んだ。

「みんな、私を困らせようとしてぇー！」

江利子はエリカの叫び声を聞きながら自分が壊れてしまいそうだった。自らが息子を失ったというだけでなく、自分の目の前で新婚九日目の花嫁が夫を失って悲しんでいるのを見ることが辛《つら》くて辛くて仕方がなかった。気がつくと、エリカは「嘘だ、嘘だ」と全身をブルブルと震わせながら、事実を受け入れることを身体全体で拒絶していた。

江利子とエリカはその足で智史の遺体が見つかったという石巻市の海沿いに向かった。お腹の赤ちゃんが心配だからと家族はエリカに自宅で待機しているよう説得したが、エリカが頑として聞き入れないため、結局、エリカの父親が同行することになった。

石巻の自宅は跡形もなく流失していた。長靴を履いてがれきの中を進んでいくと、自宅近くの海沿いの窪地に水に浸ったままの智史の遺体を見つけた。江利子とエリカの父親は遺体を冷たい水から引き上げて平らな場所へと寝かせると、江利子は持参したペットボトルの水を使って泥だらけになった息子の目や顔を洗った。

「ううっ、ううっ」

目の前で身重の新婦が声を押し殺すようにして泣いていた。

ゆっくりと遺体に近づき、白く細い手で首筋を探った瞬間、エリカは極めて不格好な姿勢で泥の塊の上に覆い被さった。

彼女の手には智史が身につけていた銀のネックレスが握られていた。

直後、江利子はすべての感情を失った。


江利子の家族はその後、長男の智史だけでなく、智史の妹で小学三年生の梨吏佳《りりか》も、そして両親も、全員が遺体で見つかった。石巻の自宅は跡形もなく壊滅したため、智史の遺体は山間部のエリカの実家へと運び込まれた。

石巻市役所に確認してみると、智史とエリカの婚姻が成立するかどうかについてはかなり微妙な問題であることがわかった。三月一一日、智史は間違いなく婚姻届を提出しに行く予定だった。しかし、石巻市役所北上《きたかみ》支所自体が津波で壊滅し、戸籍係の職員も亡くなっている。そのため、市役所としては智史が津波に襲われたのが婚姻届を役場に提出する前だったのか後だったのか、つまり二人の婚姻が成立しているのかどうか、明確な裏付けが取れないのである。

エリカの気持ちの問題もあった。結婚式を終えているとはいえ、新婚七日目で夫を失った新婦を嫁ぎ先に縛り付けておくことが彼女にとって本当に幸せなことだと言えるのか。

日夜考えあぐねていると、エリカが言った。

「お義母さん、私をこのままお嫁さんにしてくれませんか。だって生まれてくる赤ちゃんにはおばあちゃんが必要でしょう?」

江利子は思った。エリカのお腹の中には血のつながった赤ちゃんがいる、こんな大災害の渦中に産声を上げる新しい命を、私以外に誰が守ってあげられるだろう——。

法務省と石巻市役所は熟慮の結果、震災三カ月後の六月上旬、エリカと智史の婚姻を三月一一日付で正式に認める決定をした。日本の法務史上、死者との婚姻をさかのぼって認めた恐らく初めての判断だった。

## 最後のメール

江利子へのインタビューを一通り終えたあと、私は横で静かに聞いていた妊婦のエリカにも話を聞いた。彼女は懐かしそうに新郎との思い出を私に話した。智史とは再婚でした、私には前夫との間にレナという八歳になる長女がいます、智史と出会ったのは四年前、離婚歴があることや子どもがいることを打ち明けても、「エリカの子なら、可愛いに決まっているよ」と笑顔で受け入れてくれた……。

婚姻届を提出する日の前夜、智史は照れながらエリカに言った。

「俺たち明日から夫婦なんだなあ」

翌日、激震の直後にメールが入った。

「大丈夫か」

その四文字が最後のメッセージになった。

エリカは涙をポロポロとこぼし、時折嗚咽《おえつ》を漏らしながら一生懸命感情を吐露した。

「本当は、辛くて、辛くて、何度も死のうと考えました」とエリカは私に言った。

「でも、その度に、お腹の子が『生きよう、生きよう』って蹴るんです」


長いインタビューを終えた後、私は二人に「最後に写真を撮らせてもらえませんでしょうか」と願い出た。あまりに不躾《ぶしつけ》なお願いだったが、ルポルタージュには写真の添付が不可欠だったし、何より私は職業記者として、今の二人の姿をしっかりと写真で記録しておきたいと強く思った。二人は一瞬戸惑ったような表情を見せたが、微かに頷いて許可してくれた。

四人の遺影が飾られたテーブルの前に二人は並んだ。「どんな顔をすればいいでしょうか」と江利子に聞かれたので、私は「自然のままでいいです」と短く答えた。「悲しそうな顔を撮られるのは嫌だな」と江利子が言うので、私は「じゃあ」と提案してみた。

「生まれてくる赤ちゃんのことを考えてみましょうか」

すると二人の表情が一瞬フワッとやわらいだのだ。

私は大きく頷いてシャッターボタンを押した。その瞬間、なぜか涙があふれて止まらなかった。

「何であなたが泣いちゃうのよ」

レンズの向こう側で江利子が笑いながら泣いているのが見えた。

## 出産写真

その後も私は台子やエリカが暮らす山間部の自宅に通い続けた。取材で時間の空きができると山間部の自宅に顔を出し、エリカの膨らんでいくお腹を写真に撮ったり、心配している江利子に励ましのメールを送ったりした。私は被災地で勤務する災害特派員としてこの膨大な涙の海からどのように新しい命が生まれてくるのか、その過程を――やがて大きくなる新生児のためにも――しっかりと記録したいと考えていた。そんな滑稽にも思える私の姿を、二人はどこか不思議そうに、そして温かく受け入れてくれた。

事実、子どもが生まれてくるということは、何だかとっても忙しいことだった。私が山間部の実家を訪れる度に、周囲がどんどん慌ただしくなっていくのが手に取るようにわかった。江利子は会う度に「私たちは生まれてくる赤ちゃんに『生かされている』のよ」と話していたが、本当にその通りだと私も思った。江利子は家族四人の全員を失い、エリカは結婚したばかりの夫を亡くしている。それなのに――という表現が正しいかどうかは別として――エリカの出産が近づくにつれて、周囲は「今はそのことは後回しだ」という雰囲気になり、エリカも、江利子も、そしてエリカの母親の台子までもが、「もうすぐ生まれるからね」と徐々に気合が入っていくのだ。新しい命の誕生が周囲にこれほどまでに影響を与えることに、私は畏怖のようなものを抱かずにはいられなかった。

ある朝、私はずっと考えてきたことを彼女たちに申し出てみた。

「もし可能であれば、出産に立ち会わせていただけませんでしょうか？」

「出産に？」とエリカはびっくりしたような表情で聞き返した。

「写真を撮らせてほしいんです」と私は正直に伝えた。「赤ちゃんの。そしてできれば、二児のお母さんになるエリカさんと、おばあちゃんになる江利子さんの」

すると、普段はおとなしいエリカの表情が花のように輝いたのだ。

「えー、どうしよう？　いいですよね、お義母さん」とエリカは嬉しそうに言った。
「でも、キレイに撮ってくださいね。私、一生懸命頑張りますから」

## 最高の家族

エリカの出産は当初、七月五日に予定されていた。私はいつでも立ち会えるよう前後二日の仕事をすべてキャンセルし、すぐに産院に向かえるように常時付き添っている江利子からの連絡を待つことにした。

そんな若干緊張気味な私を尻目に、江利子とエリカはコミカルなやりとりを繰り返していた。物事を論理的に考えて行動する江利子に対し、エリカにはどちらかというと天然な部分がある。一週間前の検診では、エリカが「誕生日が夫の月命日と重なるのは嫌だから、赤ちゃんには一二日以降に出てくるよう言ってください」と真顔で産科医に頼み込んでいたらしく、それを聞いた江利子が「馬鹿ねえ。赤ちゃんがそんな大人の都合を聞いてくれるわけないじゃない」と嬉しそうに私の前で報告していた。

それでも、エリカの願いが本当にお腹の赤ちゃんに通じたのか、出産の予定日はずるずると延期され、結局、エリカの念願通りに七月一二日以降にずれ込んだ。一日昼、エリカが登米市の産院で診察を受けると聞いたので、私が慌てて車で向かうと、カーテンを開いて最初に待合室に出てきたのはエリカではなく、姑の江利子の方だった。

「どうやらまだらしいのよね」と江利子は少し残念そうに私に言った。

結局、その日も出産には至らず、分娩《ぶんべん》の可否は翌一二日朝の状況を見て判断されることになった。私は江利子を近くのファミリーレストランに誘ってコーヒーを飲んでから取材拠点に戻ることにした。

セルフサービスのコーヒーを飲みながら、「いよいよ、明日ですかね」と私が言うと、「そうね、きっと明日だわ」と江利子は急にしんみりとした声で言った。

「本当のことを言っちゃうとね、私、もういつ死んでもいいと思っているの。育ててくれた両親もいないし、大切に育てた子どもたちもいない。ただ……」

夕暮れの人の少ないファミリーレストランに江利子の乾いた声が響いた。

「エリカのお腹の中の赤ちゃんだけね、何となく気がかりなのは。だってそうでしょう？　せっかく生まれてきたのに、おばあちゃんがいないなんて、寂しいじゃない？」

半ば強引に同意を求められ、私は慌てて頷いた。彼女もそれに気づいたらしく、一瞬照れ笑いを浮かべた後、「やっぱり話せる相手がいるっていうのは良いことね」と嬉しそうに続けた。

「少し、私の話をしてもいいかしら」と江利子は前置きした上で、亡くなった家族のことについて話し始めた。「両親は食堂を営んでいたの。母はとにかく活発で、料理も、洋裁も、畑仕事もなんでもできて、トラクターだって運転できちゃうスーパーウーマンだった。妥協を許さない人だったから、私もこんな風に育ったのね。父はそんな母を辛抱強く支え続けた人だった。どんなに辛いことがあっても、何一つ文句を言わない。自らを犠牲にしながら家族を養ってきたような人だった。九歳の梨吏佳はいるだけで家の中が明るくなるような、まるで天使のような娘だったわ。本当に背中に羽が生えているんじゃないかと思うくらい。ちょうど今頃、天使になって、向こうで笑顔を振りまいているんじゃないかな。二三歳の智史はやんちゃで律義でしっかり者で。妹思いで優しくて……」

「いい家族でしたね」と私は相づちを打ちながら言った。

「ええ、本当に。最高の家族だったわ」と江利子は自分に言い聞かせるように言った。

「私ね、今、みんなにきっと託されているんだと思うわ。明日生まれてくる赤ちゃん、智史がとっても楽しみにしていたのよ。もちろん、私も。ねえ、三浦さんだから、ちょっと本音を言ってもいいかしら？　私ね、実はもう一人子どもを育ててみたかったのよ。わがままで、親の言うことなんて全然聞かなくて、それでも自分の命なんてどうでもいいと思えるくらいに愛おしい、そんな人間の子どもを。ねえ、わかるかしら？　私、今、本当に明日がやってくるのが楽しみなのよ」

## 新生児の誕生

七月一二日は記録的に暑い日だった。江利子から連絡を受けて大慌てで南三陸ホテル観洋を飛び出し、産院の駐車場に車を入れると、直射日光で簡単に目玉焼きができそうなくらいに車のボンネットが熱せられていた。産院に入ると「お産は夜になりそうだ」と看護師に追い返されたので、仕方なく前日のファミリーレストランでコーヒーを飲みながら時間を潰すことにした。

「もうすぐお産が始まりそうよ」と江利子から連絡を受けたのは午後五時過ぎだった。

二階へ続く階段を上ると、分娩室の前の細い廊下の長いすに江利子とエリカの母親の台子が二人並んで腰掛けていた。

「まだ、もう少しかかるみたい」と私の姿を見つけて江利子が言った。

「体調はどうですか」

「大丈夫。きっと丈夫な子が生まれるわ」

私はカメラを膝の上に置き、二人と一緒に長いすに座ってそのときを待った。窓の外には真っ赤な夕焼けが広がり、薄手のカーテンを通じて産院の床に三つの影が揺れていた。

午後七時過ぎ、ようやく出産が始まった。

「痛い～、痛い～」と叫ぶエリカの悲痛な声に続いて、「ダメ、ダメだって！　まだいきむなって言ってるでしょ！」と小学生を叱る教師のような看護師たちの図太い怒鳴り声が分娩室の扉を突き抜けてきた。

繰り返される絶叫の波に合わせ、薄暗い廊下の長いすに座った二人の母親たちも必死に両手を合わせながら何かに向かって拝み続けていた。耳を澄まして聞いてみると、台子は「頑張れ、頑張れ」と日本語で言い、江利子は「智史、お願い、力を貸して」とすがるように呟《つぶや》いている。

午後七時三二分、絶叫が突然、赤ん坊の産声に変わった。

次の瞬間、江利子と台子はお互いに抱き合いながら、「生まれた？　生まれた？」となぜか私に確認を求めた。私が「わからない」と首を左右に振ると、彼女たちはそんなことはもうどうでもいいといった表情で、「どうしよう、どうしよう」と周囲を見ながら慌て始めた。

数秒後、短い空白を挟んで、ひときわ大きな泣き声が病院中に響き渡った。

「生まれたんだあ」

江利子はほっとしたように手を胸にやり、大きく安堵の息を吐き出した。台子は両手で顔を覆った後、その場で一人立ち上がり、分娩室の扉に向かって一人で大きく拍手した。

「いいですよ、どうぞ」

扉の向こう側で助産師の声が響くと、二人は競うようにして扉を押し開け、分娩室の中に踏み込んだ。小さな命が助産師の大きな胸にくるまれていた。

「女の子です。二九八〇グラム」

「健康ですか？」

「そりゃもう、元気、元気」

江利子は助産師の腕から生まれたばかりの乳児を受け取ると、「ありがとう、ありがとう」と二度繰り返し、「こんにちは。おばあちゃんだよ」と顔を最大限近づけて言った。乳児が困ったように泣き出すと、江利子は「おぉ、おぉ、泣くな、泣くな」と笑顔であやし、「可愛い、可愛い」と愛おしそうに乳児の頬を人さし指でさすった。

分娩室の片隅で、私は無心でシャッターを切り続けた。全身が紅潮した新生児や歓喜に沸く二人のおばあちゃんの姿を写真に収めた後、出産を終えたばかりのエリカの表情を押さえておこうとレンズを振った。瞬間、その分娩台上に広がっていた光景の凄《すさ》まじさに、私は思わず息を飲み込んだ。

そこには出産したエリカの頭を挟むようにして、亡くなった智史の黒色の位牌と黒枠の顔写真がそれぞれ両側に飾られていたのだ。桃色の分娩台のシーツの上で、その二つの黒い物体は明らかに「異物」として浮き上がって見えた。

あまりにも凄絶な出産風景だった。

エリカは新婚七日で無念のうちに亡くなった新郎の遺影を見つめながら、この世に新しい命を産み落としたのだ。まるで「死」と「生」を交換するように。

そして、私は同時に気づかされた。生まれてきたばかりのこの新生児の瞳に最初に映ったのは、誕生四カ月前に亡くなった、黒枠にはまった父親の笑顔ではなかったか、そしてそれこそが江利子やエリカの望んだ光景ではなかったのか——と。

分娩室では依然として、通常とは一風変わった出産の光景が繰り広げられていた。生まれたばかりの乳児の周りで、江利子と台子、立ち会った助産師までもが目を真っ赤に腫らして泣いている。私は乳児にカメラを向けながら、この小さな瞳には今、どんな未来が映るのだろうかと想像してみた。

江利子とエリカ。血のつながっていない二人の女性が今、この小さな命を通じて一つの新しい「家族」になろうとしている。

思わずファインダーが涙で曇った。私は必死にそれをカメラで隠そうとしたが、わずかに江利子に見つかってしまった。

「おっ、カメラマン、また泣いているの？」

江利子は乳児を優しく抱きながら、「私、嬉しいわあ」と誰かに聞かせるように言った。

## 非科学的な力

エリカが無事出産を終えた後も、私は週に数度の割合で山間部のエリカの実家に通い続け、日に日に成長していく赤ちゃんの写真を撮影したり、嬉しそうなエリカの話を聞いたりを繰り返した。四六歳で「おばあちゃん」になった江利子も避難先の親類の家から山間部の実家へと通い、嬉しそうに赤ちゃんの世話を続けていた。

ある日、実家を訪ねると、茶の間に大きな筆書きの字で「リサト」という赤ちゃんの名前が貼り出されていた。江利子の亡くなった娘・梨吏佳と息子の智史からそれぞれ一字を借りた名前なのだと、お姉ちゃんになったレナが私に教えてくれた。

墨書を書いたのはエリカの父親・力だった。五〇を超えて脳梗塞を患い、右半身の自由が利かなくなっていた。娘のエリカに次女が生まれたが、自分にしてやれることが見つからない。そんな父親の葛藤を見かねて、エリカが「お父さん、リサトの名前、書いてよ」とお願いしたらしかった。自由の利かない右手に筆を持たせると、力はそれを左手で包み込むようにして精いっぱい、半紙に生まれたばかりの孫の名を書いた。取り囲んでいた家族全員から拍手が湧いた。山間部の一家はどことなく昭和の雰囲気の残る温かな家族だった。リサトの写真撮影の合間を縫って、私はよく江利子やエリカを町内外のイベントへと連れ出した。私は長女が生まれたときに一年間の育児休業を取得しており、子育て中の女性には何より気分転換が必要だと実感していた。

一方で、彼女たちと接するなかで、私はいくつかの神秘的な体験をすることになった。最初の体験は、江利子やエリカと出掛けた旧北上川の「川開き祭り」だった。エリカが新郎の智史と毎年通った思い出の祭りで、その年は宮城県内の死者数にちなんで約一万柱の灯籠が川に流されることになっていた。江利子も事前に亡くなった両親と智史、梨吏佳の名前を灯籠に書いて主催者側に提出していた。

祭りの会場に到着する前、江利子とエリカは「四人のうちの一人でもいいから灯籠を見つけられたらいいね」と話し合っていたが、川岸に着いた瞬間、それがいかに困難なことであるのかすぐに思い知らされた。旧北上川は川幅が一〇〇メートル近くあり、川に浮かべられた幅二〇センチの灯籠の文字を岸からは読むことができない。灯籠は市内四カ所からボランティアの手によって川に流されることになっており、天の川のようになって川面を流されていく一万柱の光の粒から特定の灯籠を見つけ出すことは事実上、不可能に近いことだった。

ところが灯籠流しが始まった瞬間、エリカが突然、甲高い声で「あっ」と叫んだ。

「あれ、智史のだ！」

会場では灯籠の保管場所の前にボランティアの大学生たちが一列に並び、川岸の方へと灯籠をバケツリレーのようにして手渡しで運び出していた。エリカはその学生たちの列に飛び込むと、一つの灯籠を奪い取るようにして江利子のもとへと戻ってきた。見ると確かに灯籠には「奥田智史」と記されている。

「すごいわあ、本当に智史のだぁ」と江利子が手を叩いて喜ぶと、エリカは再び、「あっ」と声を上げて、今度は別のボランティアの列の中へと飛び込んだ。慌てて私も駆け寄ってみると、なんと今度は江利子の父親の名前が書かれた灯籠を胸に抱いている。

まるで奇跡を見ているようだった。電灯のない薄暗い旧北上川の川縁で、無数の灯籠の中からたった数個の灯籠を探りあてることは、海辺の砂浜から意中の小石を探り当てる行為に近い――いや、それよりも遥かに難しいのだ。

にもかかわらず、エリカはその後も次々と身内の灯籠を見つけ出し、結局、亡くなった家族四人すべての灯籠を胸の中に集めてしまった。江利子は「きっとみんなお別れを言うために集まってきたのよ」と素直に感動していたが、私にはしばらくの間、それが現実に起きた出来事であるようには思えなかった。

もう一つ、私には「非科学的な力」が働いているのではないかと思いたくなるような出来事があった。

津波で家族四人を失った江利子に再び不幸が押し寄せたのである。

最初は交通事故だった。江利子は震災の数カ月後、車を運転中に後ろから乗用車に追突され、全治一カ月の怪我を負った。次に襲ってきたのはガンだった。江利子は震災後の健康診断で乳がんが見つかり、緊急に切除しなければならなくなってしまったのだ。彼女は両親と子ども二人を亡くし、わずか一年もたたないうちに交通事故に遭い、乳がんを患ったことになる。

江利子も私が抱いている違和感を心のどこかで感じているらしく、私が病院に見舞いに行ったある日、こんな心境を漏らした。

「死神さんね、私をどうしても向こう側に連れて行きたいらしいんだけど、『もうちょっと待ってよ』って言っているの。私にはまだやらなきゃいけないことがあるんだからって」

彼女はそう冗談を言って笑ってみせたが、江利子やエリカにとって震災から半年が過ぎた秋以降が一番辛い時期であったように思う。

それは被災地において目に見えない「分断」が進み始めていた時期でもあった。「復興」という言葉は極めて残酷な「行政用語」である。たとえ行政がインフラやシステムを元通りに直したとしても、そこで亡くなった人たちは戻ってこないし、大切な家族を失った人たちの心が癒やされることもない。それなのに――あるいはそれを承知で――行政は「復興」という名の打ち上げ花火を上げ、人々に「前を向け」「過去は忘れろ」と煽る。比較的被害が軽微だった大多数の人たちがそれらの空気を歓迎し、大切な家族や家を失った少数派の人たちがその流れから取り残されようとしていた。遺族たちはただ戸惑いながら、その場に立ち尽くし、江利子もエリカも当時はまだ生きる場所を求めて暗闇の中を必死にさまよい歩いているような時期だった。

江利子とはよく登米市の喫茶店でコーヒーを飲んだ。

「私、車に乗るのが怖いのよ」と江利子はある日、私に打ち明けた。「暗がりで運転していると、ふっと亡くなった子どもたちのことが頭に浮かんでね、無意識にガードレールに引き込まれそうになるときがあるのよ……」

## メッセージ

だから、震災からようやく一年を迎えようとしていた二〇一二年二月、江利子から突然、「内閣府から『国の追悼式に遺族代表として出席してもらえないか』と要請を受けているの」と相談を持ちかけられたとき、私は素直に喜んだ。彼女の話によれば、国主催の追悼式にはエリカも一緒に出席できるようお願いしており、彼女自身はそこで遺族代表としてメッセージを読み上げる役を打診されているのだという。

その話を聞いたとき、私は「政府もたまには気の利いたことをするじゃないか」と自分のことのように嬉しく思った。そのメッセージの朗読が江利子にエリカやリサトといった周囲の存在を感じさせ、これからの人生について考える、またとないきっかけになると考えたからだった。

その日から追悼式に向けた江利子の原稿作りの日々が始まった。彼女からは「手伝ってくれない？　何を書けばいいのかわからないのよ」との相談を受けたが、私はその依頼を断った。主催者もテレビで見ている視聴者も、新聞記者が考えたようなこなれた文章など期待していない。どんなに下手な文章でもいい、四人の家族を失った女性が今何を感じ、何を求めているのか。それを率直な言葉で国民全員に訴えるべきだと彼女に伝えた。

一方で、文章や表現以外のことについては、全面的に協力をした。

最初に登米市の喫茶店で私が聞き役になり、江利子がこの一年間どんな気持ちで生きてきたのかをインタビュー形式で答えてもらった。字数という枠を意識して一人であれこれと思い悩むよりも、とりあえずは誰かの質問に答える形で記憶をアウトプットし、後でそれらの固まりを並べ替えて文章を作成した方が記憶や感情をうまく整理できるし、文章作成に付随するストレスを劇的に小さくすることができる。彼女にはこれまで過ごしてきた日々のなかで一番嬉しかったことや一番悲しかったことなどを時間を掛けて振り返ってもらった。

文章の「作り方」についても簡単にレクチャーをした。追悼式を主催する内閣府からはスピーチの時間は三分と決められていたが、三分という時間ではとても遺族の心情を——特に家族全員を失った江利子の心情を——語り尽くすことはできないように思われた。江利子には私自身がいつもそうしているように、最初に四倍の一二分の原稿を作り、それを半分の六分に削り、最終的に自分の最も言いたいことだけを三分の原稿に残すという方法を伝えた。

自らの心境に向き合おうとする中で、江利子は深く苦悩し、同時に激しく消耗していた。彼女の場合、震災で失った四人のことを思い出し、それを文字にしようとすると肉体や精神に強いブレーキが掛かってしまうらしく、執筆はまったく前に進まないようだった。記憶から取り出した言葉が凶器のようになって「自分自身を壊してしまう」らしく、時折、軽い統合失調症のような症状に見舞われていた。

## 家族の風景

結局、江利子は完成した原稿を一度も私に開示しなかった。私が初めてそれを読んだのは追悼式典の前日、内閣府が報道機関用に事前配布した「遺族代表のメッセージ」という資料の中だった。その文面を読みながら、私は思わず目頭が熱くなった。そこには紛れもなく四人の家族を失った当事者にしか書き得ない、暗闇の中で一瞬だけ見える光のようなものが書き記されていた。随分と自分を傷つけたのだろうな、と私は思った。三分という短いメッセージのなかに、我が身を削るようにして原稿用紙に向き合ってい る一人の女性の姿が見えた。

国の追悼式典の当日、会場となる東京の国立劇場には天皇・皇后両陛下が出席することになっていたため、警備上の理由から江利子とエリカには自分たちが前日どこに宿泊するのかさえ知らされていなかった。

式典の取材は東京本社の記者が担当することになっていたため、私はテレビで式典の様子を見ることにし、午前中は実家で留守番役を務めるエリカの母親の台子と一緒に、津波で亡くなった智史やその妹・梨吏佳の墓参りに出掛けることにした。

生後八カ月のリサトをおんぶしながら台子はヨタヨタと墓地の坂道を上り、新たに四人の名前が刻まれた墓石の前で長い間故人に何かを語りかけていた。その後半で台子が「そちらでもおいしいものを食べてください」と言うのを聞いて、私は思わず微笑《ほほえ》んでしまった。そちらでもおいしいものを食べてください。台湾育ちの台子らしい、なんて優しい祈りだろう。

式典の始まる午後二時前に山間部の実家に再び出向くと、今度は居間で台子がなにやら大騒ぎをしていた。

「ビデオの録画の仕方がわからないのよ」

追悼式に出席する江利子やエリカの姿をビデオに収めたいのだが、思うように録画することができない。その脇を最近ハイハイができるようになったリサトが嬉しそうに這い回っている。

「そうだ、これで画面を撮影すればいいんじゃない！」

台子は納戸の奥から小型のハンディカムを持ち出してくると、ドンとテレビの前に腰を下ろし、それでテレビの画面を撮影し始めた。録画ボタンを押すと、画面が多少ふらつくものの、辛うじて録画はできるみたいだった。

「これでいい、これでいい」と台子は自画自賛していたが、私にはどう見ても「それでいい」ようには思えなかった。台子は撮影についてはド素人らしく、随分と手ぶれがひどそうだったし、第一、撮影を開始した瞬間にリサトが面白半分にテレビの前を横切ったり、レンズを舐《な》めようとカメラに近づいてきたりするのだ。その度に台子は「リサト、ダメっ」と大声で叱ってリサトを左手で押しのけていた。

そんなドタバタのなかで午後二時半、追悼式のテレビ中継が始まった。

台子は江利子やエリカがテレビ画面に映る度に、片手にビデオカメラを持っていることを半ば忘れて「頑張って、エリカ！」と大声を出して声援を送った。

午後二時四六分、黙禱《もくとう》。

私は両目を閉じながら、厳かな気持ちで自分がこれまで過ごしてきた被災地の一年について静かに振り返ろうとした。

ところが、なぜか隣で台子がせわしなく動いている。薄目を開けて見てみると、彼女は必死に携帯電話で誰かに連絡を取ろうとしているようだった。

「あのね、親戚の人にエリカがテレビに出ていること伝えてなかったの。でも、なぜだろう？　誰も電話に出ないのよ」

ひそひそ声で電話をし続ける台子の声に、私は思わず爆笑した。あの未曽有の震災からちょうど一年目の三月一一日午後二時四六分。恐らくほとんどの日本国民が黙禱している今この瞬間に、電話に出る人が果たしてどれだけいるだろう。隣で「娘と新郎の母親がテレビに出ているから見てね」と電話を掛け続けている台子と、テレビの向こう側で黙禱を続けている江利子とエリカの姿を見比べながら、私は家族とはこれほどまでに愛おしいものなのかと思わずにはいられなかった。

やがて黙禱が終わり、遺族代表としての江利子のスピーチが始まると、台子はテレビ画面の撮影に集中し始めた。私はよほど、「テレビ局に頼めば、後で録画テープを送ってくれますよ」と言おうと思ったが、はっと思いついてやめた。テレビ局からもらえる動画よりもずっと、台子がこの日撮影したテープの方が家族にとっては記念すべき思い出になる。そう気づいたのだ。

私の予想は正しかった。遺族代表のスピーチが始まり、江利子の顔が画面いっぱいに大写しになった瞬間、リサトは知っている顔に気づいたらしく画面に向かって這い始めた。

「ダメ、リサト！　おばあちゃんが映らない！」と台子はハンディカムを片手に懸命に孫娘を追い払おうとしたが、リサトはそれに構うことなく、画面に抱きつくようにして踊りのようなものを踊ったり、台子の肩をよじ登ろうとしたりして、一生懸命撮影を邪魔した。

「もっとやれ、もっとやれ」と私は微笑みながらリサトに向かって心の中で声援を送った。

君がはしゃげばはしゃぐほど、そのテープは家族の宝物になる——。

江利子の遺族代表のスピーチが終わると、台子は「お疲れ様でした」とテレビ画面に向かって丁寧にお辞儀してからビデオカメラをテーブルに置いた。

## 「悲しみを抱いて」

山間部の民家を後にしてから、私はホテルの一室に戻って江利子を主人公にして書いた震災一年の原稿の出稿作業に取りかかった。原稿は前日までにあらかた準備が終わっており、式典の場面を加えるだけで出稿できる状態になっていた。

出稿を終えた夕方、式典に出席した江利子の携帯電話に連絡を入れた。「お疲れ様でした」と伝えると、江利子は小さな声で「ありがとう」と言い、急に改まった声で「すぐに帰るから、またどっかでコーヒーでも飲みましょうね」と私に告げた。

通話の後、私はシングルルームのベッドに横になりながら、彼女にとってこの一年はどんな一年だったのだろうと改めて振り返ってみた。四人の肉親の命という計り知れないものを奪われ、新しい命や家族という抱えきれないものを得た。そのどちらが彼女にとって大きかったのだろう——。

次の瞬間、私はシングルベッドから跳び起きて、仙台総局で私の原稿に手を入れ始めているだろうデスクのもとに電話を入れた。

「原稿の内容を大幅に書き直させていただけませんか」

私がそれまでに準備していた原稿は、彼女が追悼式で話したスピーチを骨格として、彼女が経験した震災時の「悲劇」を伝えるような内容になっていた。

でも、違う。それは彼女の一部でしかない。

読み返してみると、圧倒的に欠如しているのは「今」だった。あるいは「変化」と言い換えてもいい。彼女がこの一年間でどのように変わってきたのか。四人の家族を失い、かけがえのない新しい命を迎えた。その「生」と「死」の狭間で、彼女は一体何をつかんだのか——。

「原稿を見てから判断する」とデスクの山崎靖はいつものように素っ気なく言った。

「時間はないぞ。待てるのは午後六時半までだ」

私はすでに完成していた原稿を大急ぎで書き直し始めた。

頭の中には、彼女がまだ本番用の原稿に取り組む前に書いた、練習用の原稿の文面があった。彼女は確かその中で「できれば一年前に戻りたい」と書いていた。ところが、今日テレビで見た演説では彼女はその一文を本番用原稿から消し去っていた。

なぜその一文を削ったのか。

その一点を軸にして、彼女にとってのこの一年を描き出すことができないか。

式典前に配布されたスピーチ原稿を改めて速読してみると、これまでの練習用の原稿にはなかったある一文が目に飛び込んできた。

《悲しみを抱いて——》

思わず涙が溢《あふ》れ出てきた。

そうか、ようやくわかった。それが彼女が泣きながら導き出した答えだったんだ……。

原稿が完成したのは午後六時四〇分。デスクからの電話はなかった。

書き直した原稿はそのまま翌日の朝刊一面に大きく掲載された。

翌朝、朝刊を手に取ったとき、私は今後の記者人生の中でこれ以上の原稿を書くことはないだろうと確信した。

同時にそれは入社以来、自分とは何かという命題についてずっと苦しみ続けてきた私にとって、新聞記者になれて初めて良かったと思えた瞬間でもあった。

# 第八章
# ライバルとの食卓

# 三冊の本

南三陸町に赴任して困ったことの一つに「休日」の過ごし方があった。会社からは被災地勤務とはいえ週に一度は「休日」を作って体を休めるようにと言われていたが、町内にいても震災前から過疎化が進んでいたこの地域には娯楽と呼べるものがほとんどなかったし、かつて存在していた飲食店も津波で壊滅しているか、まだ営業を再開していないかのどちらかだった。

海岸や川辺は無数のがれきで埋め尽くされていたので、私は趣味のカヌーは早々に諦め、代わりにランニングシューズを持参してきていたが、ある日町内を軽く一走りしてみると、がれきの山から飛散する大量の粉じんを吸い込んだためか、翌日から重苦しい咳《せき》が止まらなくなってしまった。しばらくは町内の山間部や隣接する登米市に車で出掛けて山道や田んぼの中を走っていたが、冬になると降雪や北風でそれもできなくなり、結局、休みの日にも仕事をするか、ホテルのロビーで本を読むことぐらいしかすることがなくなってしまった。

赴任前はどこに住むかもわからなかったため、東京・国立の借家を出発する際には取材の参考となりそうな読み応えのある書籍を数冊、自宅の本棚から厳選してバックパックに詰め込んできていた。私が選んだのは、『開高健全集第一一巻』と『向田邦子《むこうだくにこ》全集第一巻』、そして近藤紘一《こういち》の『目撃者』だった。

過去を恥ずかしげもなく告白すれば、私はこの三作家への偏愛の中で青春期を過ごした。開高を読んで世界の奥行きを知り、向田の言葉で人を愛することの切なさを知った。近藤の優しさに憧れて新聞記者を目指し、三作家ではないものの、外岡秀俊《そとおかひでとし》の『北帰行』を読んで朝日新聞社に入社した（外岡は当時、朝日新聞社で編集委員を務めていた）。

私が偏愛した三作家には二つの共通点が存在していた。一つは戦争という「非日常」の中で人々の「日常」を描こうとしたこと。もう一つはいずれも六〇歳前に亡くなっているということだった。近藤は四五歳で胃がんに倒れ、向田は五一歳で飛行機事故に遭い、開高は食道がんを患い五八歳で他界している。前者は大きなものは小さなものによってしか描けないのだという職業的真理を、後者は命というものの有限性を、青春期の私に教えてくれた。

私は結婚して生命保険に入るとき、「六〇歳前に死ぬ人はどれくらいいるのでしょうか」と担当の保険勧誘員に尋ねてみたことがある。勧誘員は内部資料をめくった上で「だいたい六%くらいです」と教えてくれた。「つまり九四%の人が無事に還暦を迎えます。六%というと小学校や中学校のクラスで一人いるかいないかといったところでしょうか。それを多いと見るか、少ないと見るかは、その人の人生観次第です」

私は被災地で取材に疲れたり、心が折れそうになったりする度に、南三陸ホテル観洋の狭いシングルルームで——まるで暖炉の火に凍えた手をかざすようにして——彼らの著作を読みふけった。ページをめくる度に、彼らは変わらぬ文体で語りかけてきた。彼らの言葉は繊細で、気高く、青海のように広々としていた。精悍《せいかん》で、自由で、本を読んでいる間だけは胸の底に秘めた苦しみを忘れることができた。

## 二人の気仙沼支局長

本を読むことに疲れると、私はよく南三陸町から一番近い取材拠点である朝日新聞気仙沼支局へと車で向かった。局舎のインターホンを押すと、管内を一人で守っている六七歳の掛園勝二郎が「高齢者の見回り、ご苦労さん！」といつも冗談を言って私を笑顔で出迎えてくれた。

「みんなは僕が新聞記者が好きだから続けていると思っているようだけれど、全然そんなことはなくてね。文章を書くのは苦手だし、この通り耳が遠くて時々相手が何を言っているのかわからない。借金が残っているから今も会社にしがみついているだけで……」

補聴器をつけた耳をわざと示してそう嘯《うそぶ》いてみせるのが、彼のお決まりの「挨拶」だった。

掛園は朝日新聞社に所属する現役最高齢記者であるだけでなく、津波の到来を間近で目撃した日本で数少ないジャーナリストの一人でもあった。

あの日、海沿いの合同庁舎で選挙の取材をしていた掛園は、地震と同時に一度は車で気仙沼市役所に向かったものの、急遽思い直してハンドルを切り、魚市場に併設された高さ約一〇メートルの立体駐車場の屋上へと乗り入れていた。直後、町全体が墨色の津波に飲み込まれ、湾内が炎に包まれていく場面に遭遇すると、掛園はその様子をデジタルカメラで撮影し、次のような原稿を東京本社に吹き込んでいた。

〈漁船は次々と流され、濁流が家屋や乗用車をのみこんでいく。（中略）造船所の重油タンクが倒れ、火が出た。港は火の海だ。その火が漂流物、さらに民家や商店街に燃え移り、高さ一五メートルほどの火柱が上がった。「バーンバーン」と爆発音。（中略）湾内は濁流が渦巻き、係留してあったマグロはえ縄漁船約三〇隻が次々と流された――〉

（二〇一一年三月一二日付、朝日新聞朝刊）

掛園が取材者としてその歴史的な瞬間に立ち会うことができたのは、ただ単に彼が「発生時にそこにいたから」という偶発的な理由によるものでは決して無かった。彼は震災が起きるわずか一週間前、まるで今回の津波を予見していたかのように、「ＴＳＵＮＡＭＩに備える」という連載企画を宮城版に掲載していたのである。

その連載の中で、彼は津波研究の権威である東北大学教授の今村文彦の言葉を借りて次のような警告を発していた。

〈（宮城県沖地震では）早い所では地震発生から一〇分程度で津波がやって来るので、相当な混乱が予想される。ちょっと想像してもらえば分かるが、高台には歩いて行けばすぐに着く。でも、車だと遠回りになる。途中、交差点での渋滞も起きる。車の使用は、高齢者や歩けない人たちを除いて原則禁止だ。

道路は比較的低い所にあり、オープンなので、水が入りやすい。二〇〇四年のスマトラ沖大地震によるインド洋津波の時は、道路上で車から離脱できずに多くの人が亡くなる一方、歩いていた人は助かるケースが多かった。一九九三年の北海道南西沖地震で津波に襲われた奥尻島でも、車で移動していて流された人がいた。津波の時の道路は危険

なのだ――〉

（二〇一一年三月三日付、朝日新聞宮城版）

その頃、私には掛園の他にもう一人、忘れることのできない元気仙沼支局長がいた。二〇〇一年から約四年間、気仙沼支局長を務めた橋本武雄《たけお》である。私がまだ駆け出しだった二〇〇一年春、五〇代半ばのシニア記者として気仙沼支局に配属された橋本は、着任部会で仙台総局長に次のように紹介された。

「大先輩である橋本さんは警視庁などで事件記者として活躍された後、仙台総局長、運動部長などを歴任し、『最後は一線記者として終わりたい』と自ら希望して気仙沼支局に着任なされました――」

肩書や経歴にはまるで関心がなかった当時の私は、橋本の着任を「偉かった人が来たんだな」というぐらいにしか考えていなかった。ところがある日、事件現場で橋本と鉢合わせして以来、私は彼のその実直な取材姿勢に子どものように魅せられてしまった。

それは奇《く》しくも南三陸町内（当時はまだ合併前で志津川町という町名だった）で起きた殺人事件の現場だった。

二〇〇二年五月、志津川町内で工務店を経営する社長の自宅で夫妻の惨殺死体が見つかった。犯人は一階裏口の窓ガラスを破って侵入し、居間のソファに座っていた社長を刺殺した後、電話を持って逃げようとした夫人を何度も斬りつけて逃走していた。物色の跡がなかったことから宮城県警は怨恨の線で捜査を続けたが、容疑者はなかなか浮上しなかった。

事件記者のほとんどが執拗《しつよう》な夜討ち朝駆けを繰り返し、警察幹部から捜査の断片情報を聞き出そうとするなかで、橋本だけがただ一人、現場周辺の民家を一軒一軒訪ね回って「地べた」の情報をかき集めていた。

インターホンを押して社名と取材の目的を伝え、玄関口に何十分も立ち尽くしたまま、殺された社長夫妻の人となりや知人関係、発生直後の周辺地域の状況などを細かな字で丹念にメモして回る。彼は常時、小さく折りたたんだ周辺の住宅地図を持ち歩いており、取材ができた住宅についてはペンで一つひとつ赤く塗りつぶしているようだった。「全部聞くのですか?」と私が聞くと、「全部聞く」と橋本は当然のように言った。

そんな橋本が着任三年目の二〇〇三年秋、宮城版で津波の連載を手がけたことがある。

タイトルは「津波　石碑の警告」。

沿岸部を丹念に歩き、過去の津波被害の実態やその対策に取り組む人々に焦点をあてた三回続きの連載には、次のような文章が刻まれていた。

〈気仙沼市波路上明戸《はじかみあけど》地区の海岸。岩礁から海水が噴水のように上がる、岩井崎の「潮吹岩」が見える。明治二九（一八九六）年の津波で、四三八人が亡くなり、壊滅した明戸の集落があった所だ。いまは霊園となり犠牲者らの墓石が並ぶ。

近くの地福寺（片山秀光住職）は、津波の負傷者を手当した臨時病院になった。九三年夏、当時、寺の檀家《だんか》の副総代長をしていた芳賀清成さん（七五）は、たまたま寺の前の石碑のそばにいて、通りがかりの観光客に、「碑文はなんと書いてあるのですか」と尋ねられた。

高さ二メートルの石碑はこけむしていて読めない。「（自分は）寺の世話人のくせに分からない。非常に恥ずかしい思いがした」。芳賀さんは、知人の石屋に頼んで石碑を磨いた。

風格のある漢文で、明治二九年の津波の惨状を伝え、「後世の人々が津波に対する警戒心を怠らないようにと願う」という内容の碑文が現れた。

（中略）浜の前に豊かな漁場があり、江戸時代には製塩業も盛んで、「村の富を占有している」といわれた集落が一瞬で破壊流失した、との状況が分かる〉

（二〇〇三年九月五日付、朝日新聞宮城版）

## 「優秀」な記者と「非効率」な記者

南三陸町に駐在中、私は二人が書いた記事によってどれだけの命が救われたのだろうかと何度も夢想した。二人の気仙沼支局長は深く地域に根を張ることで、人々が心のどこかで感じている津波への不安や懸念を掬《すく》い取り、来たる未来に向かってしっかりと警告を発していた。

それは私にとって「新聞記者とは何か」という古くて新しい命題にもつながっていた。当時、東北地方の被災地には東京本社や各地の総支局から大量に応援記者が投入され、連載企画や日々の原稿の取材にあたっていた。その中で私にとって興味深かったのは、派遣されてきた記者たちが比較的早い段階で二つのグループに——具体的に言うと、毎日のように読み応えのある記事を執筆する記者のグループと、出張のアリバイのような原稿だけを残していつのまにかいなくなってしまう記者のグループに——自然に分類されていくという事実だった。

そしてその分類には震災前までの所属や評価はあまり影響していないように見えたことが私にとっては面白かった。「〇〇部のエース」と鳴り物入りで被災地に乗り込んできた本社勤務の記者が、ほとんど何も書けずに見苦しい言い訳だけを残して東京へと帰っていったかと思えば、これまで組織のお荷物だと見なされていた地方記者が優れたルポルタージュを連発してそれぞれの持ち場（地方支局）へと戻っていったりする。それまでどちらかと言えばあまり評判の芳しくない方のグループに属していた私は、地方記者たちが被災地で大活躍して日の当たらない地方支局に帰っていく度に、どこか小躍りしたくなるような爽快さを覚えた。

かなり個人的な見解を記せば、新聞社やテレビ局といった大手メディアはこれまで、記者の実力を多分にその情報処理能力によって評価しすぎてきたように思う。官公庁から提供される発表をいかに早く、そして正確に記事にできるかが記者の「実力」を測る大きな判断材料の一つになっていたし、その傾向は今後もどんどん強まっていくだろうというのが関係者の一致した見方でもあった。メディアの経営状況が一様に悪化していくなかで、編集部門はこれまでのようにはたくさんの記者を抱え込めなくなってきている。限られた記者の数で従来通りの紙面を作ろうとすれば、必然的に情報処理能力の高い「優秀」な記者を発表の多い主要官公庁に張り付け、「記事」を大量生産せざるを得なくなってしまう。時間はかかるが、人の心のひだを描けるような書き手は次第に地方へと追いやられ、やがて読み手が思わずホロリとなるような温かい記事が全国面から姿を消した。

そんな「非効率」な記者たちが震災後、急に息を吹き返したように見えたのは、単に読者が震災を機に温かい記事を求め始めたからではなく、被災地ではあらゆるシステムが崩壊していたため、「優秀」な記者たちがどんなに効率良く取材をすすめようと思っても、その手法がうまく機能しなかったからである。

「優秀」な記者たちは通常、真っ先に組織の頂点に突き刺さる。そこにはすべての情報が集約されているだけでなく、記者が欲している情報だけを選別して提供してくれるという報道者としては極めて便利な「メリット」があるからだ。当然、それらの情報の多くは提供者側の意思や意図によって事前の「選別」を受けるため、世論を誘導するための情報操作につながるという危険性をはらんでもいた。

ところが、被災地に一歩足を踏み入れると、それらの手法がまったく役に立たないことに気づく。町役場や警察署の幹部に挨拶に行っても、彼らはその日の遺体の搬送数や今後建設が予定されている仮設住宅の数くらいの情報しか持ち合わせていない。記者が取材しなければいけない内容は——つまり読者が今最も求めている物語は——町で暮らしている「普通の人々」の中にこそ眠っているのだ。

日頃から報道対応に慣れている官公庁の幹部ではなく、取材を受けることがまったく初めてという「普通の人々」といかに接し、どのように震災時の経験や未来への不安を語ってもらうか。そのとき、取材者は初めて自分に与えられている武器が自らの人間性しかないことを思い知る。数十の人に聞いて初めてわかる悲しみがある。避難所を一カ所ずつ訪ね歩いていくことでしか見えてこない不条理がある。そんな「非効率」な手法を繰り返すことでしか、被災地では記事を書くことができなかったのだ。

震災直後に持ち場の気仙沼が津波と炎に飲み込まれていく様子を記事で伝えた掛園は震災一年後の二〇一二年三月、六七歳で新聞社を去った。送別会の席上で贈る言葉を頼まれた私は、掛園を前にこうスピーチした。

「私はこれまで近藤紘一のような記者になりたいと思ってきました。でも最近、掛園勝二郎のような記者でもいいかな、と思い始めています——」

会場からは拍手と共に「でもいいかな、とはなんだ！」「失礼な奴《やつ》め！」とのヤジが飛んだ。

掛園は私の送辞を受けてその場で立ち上がると、「もったいない言葉で」と恐縮して頭を下げ、「老兵は語らず、ただ去りゆくのみです」とつぶやくようにして挨拶を終えた。

## ライバルとの食卓

南三陸町に常駐している報道記者は私一人だけだったので、町内には記者クラブのような親睦組織は存在しなかったが、それでも町役場の会見などで何度か顔を合わせるうちに、数人の同業者たちとは親しく会話を交わすようになった。多くの報道機関が町の記者会見の度に仙台市や気仙沼市から担当の記者を派遣してきていたが、なかには「南三陸町専従」という肩書で近隣自治体に記者を配置している報道機関も三社ほどあった。

宮城県の地元紙・河北新報の渡辺龍と仙台放送の小松基広、東北放送と契約を結んで臨時的にカメラマンを務める軍司《ぐんじ》幸一・曜子《ようこ》の夫妻だった。

報道機関の社員である私や渡辺、小松とは異なり、軍司夫妻の経歴はかなり異例とも呼べるものだった。夫の幸一は震災前までは南三陸町内で結婚式を撮影するブライダルカメラマンであり、妻の曜子は主婦だった。震災後の津波で幸一の機材が自宅ごと流されたため、二人は仮設住宅で暮らしながら地元放送局と契約を結んで臨時の「報道記者」になったのだ。一方、震災前から町内に志津川支局を構えていた河北新報の渡辺は津波で局舎が流されたため、仙台放送の小松と同様、隣接する登米市にアパートを借りて毎日南三陸町に通ってきていた。

我々五人は仕事上では「ライバル」とも呼べる関係にあったが、私生活においては環境の厳しい被災地で報道の仕事に従事する「仲間」でもあった。取材や会見で会う度に立ち話をするようになり、秋を迎える頃には週に何度も軍司夫妻の仮設住宅に上がり込んで、夫人特製の海鮮鍋をつつき合う仲になった。

どんなに長い間話しても、我々の話題は尽きることがなかった。当時の南三陸町には生と死のドラマに付随する形で――今でこそ笑い話になるような――いくつもの「エピソード」が無数に転がっていた。

例えば、「流出写真」の展示会。

あの日、津波に飲み込まれた沿岸部の家々からは、アルバムに収められていた大切な家族写真と一緒に、アルバムには決して貼られていなかっただろう、机の奥底で眠っていたような写真も（それらは中学時代の初恋の相手を写した甘酸っぱいものから、職場の不倫や禁断の情事といったスキャンダラスなものまで）海へと流れ出てしまっていた。

ある日、町外からやってきた事情を知らないボランティアたちが、泥の中から回収した写真をかつての持ち主へと返そうと、町内で小さな展示会を開いた。ボランティアたちの行為はもちろん善意によるもので、あらかじめそれとわかるようなプライベートな写真については事前に除外されていたが、中には当然、当事者である町民たちから見れば、思わずニンマリしてしまうものも含まれていた。「なぜ、○○君と○○ちゃんが同じ温泉の浴衣を着て一緒に写真に写っているのか」「この夫婦の写真は、今でこそ確かに夫婦だが、この写真の日付から察するに、夫がまだ前妻と離婚協議を始める前に撮られたものではないか」。そんな「噂《うわさ》」に尾ひれがついて暇を持てあましていた仮設住宅の住民の間を駆け巡ったのである。

青い春も賑《にぎ》やかだった。町民の間で仮設住宅がランダムに割り振られた結果、片思いの男子中学生が意中の女子中学生と隣同士になってしまい、息子がずっと声を潜めて隣の音ばかりを気にしているといった笑い話や、仮設住宅の壁が薄くてお隣の夜の営みの音が聞こえてくるため、最近夫が盛んに求めてくるようになって困っているといった中年主婦の悲鳴など、どこまでが嘘か本当かわからないような「エピソード」を取材者である我々は現場で無数に聞き込んでいた。

馬鹿話の合間に、私はよく軍司夫妻と初めて会ったときの話を俎上《そじょう》に載せた。

私が夫妻と初めて会ったのは震災直後の町長会見だった。私が会見の準備をしていると、会場の隅からマイクを持った小柄な女性が恥ずかしそうに近づいてきて、私に向かってこう聞いたのだ。

「私、何をすればいいんでしょう？　私、被災者で、先日テレビ局と契約したばかりで、実はこういうの初めてなんです……」

その小柄な女性が報道記者の仕事を始めたばかりの曜子だった。そのときは間もなく町長が到着したので、私はとりあえず町長の声がよく拾えるようにマイクを持った彼女を報道陣の輪の中心部へと押し込んだ。すると彼女は何を勘違いしたのか、まるでカラオケでデュエットでもするかのように町長の真横に寄り添うようにして立ち、震えながら町長にマイクを向け始めたのだ。テレビのカメラマンたちは見知らぬ女性が町長の真横に映り込んでしまうため、しきりに手を振って曜子を枠外に出そうと努力していたが、彼女はそれが何を意味しているのか理解できない。私は緊張で彼女のマイクが震えているのを見て、思わず吹き出しそうになってしまった。

鍋をつつきながら私が当時の記憶を披露していると、曜子はいつも「もう鍋なんて作ってやらないからね」と顔を真っ赤にして怒り、再び明るい笑いを誘った。

そんな人目を気にせずに笑いあえるライバルたちとの食卓は、当時の私にとって心からリラックスできる数少ない貴重な場所でもあった。海鮮鍋から立ち上る湯気とわずかなアルコールのなかで、私は日々の被災地取材で消耗し切った心身をリセットし、被災地を取材する上で必要な職業的な心得のようなものを自らの中に刻み込んでいった。

それは文章にすると、次のようなものだった。

〈物事をあまり深刻に受け止めすぎず、それらを長く考えないようにすること――〉

取材者としては一見不誠実なようにも見えるその一文は、しかし、その後も被災地で取材を続けていかなければいけない私にとって、確実に「防御壁」の役割を果たしてくれるものだった。

新聞記者に限らず、物事を文章で表現するライターという職業は、他人が経験した現象を自らが疑似体験することによって成り立っている。目の前の現実や第三者の記憶を一時的に体内に取り込み、そこから湧き上がってくる感情や情景を自らの言葉に置き換えて、不特定多数の読者へと提示する。だから、その現実や記憶が凄惨であればあるほど、言葉は激しく体内で暴れ回り、時折制御不能になって精神を傷つけたり、体温を奪ったりする。被災地に広がる無尽蔵の悲しみに身を沈め、それらをすべて言葉に置き換えていたのでは、一年どころか数週間で心がすり切れてしまうのではないかとそのときの私は考えていた。

現実は現実としてしっかりと記録しよう。でも、それ以外の場所では、笑えるところではしっかりと笑おう。

被災者が人間ならば、新聞記者だって人間なのだ——。

同業者たちと笑いながら鍋をつつき合っているうちに、私は取材者としての自分と、人間としての自分を、それぞれ対等の立場として扱えるようになっていった。

ライバルたちとの関係は、その後も長く強固に続いた。人と人とが支え合うことを「絆《きずな》」と定義するならば、我々の間を結んでいたものもきっとそう呼べるものだったただろうと思う。

被災地に秋の風が吹き始めたとき、妻が大阪の病院で次女を出産した。私は出産に立ち会えなかったが、翌日、新生児の名前を伝えるために大急ぎで伊丹空港へと飛んだ。

生まれてくる第二子の名前については、少し前から具体的なイメージがあった。

被災地の現場で、あるボランティアの学生がこんな逸話を教えてくれた。

「ボランティアセンターで聞いたのですが、『絆』という字は『糸（いと）』に『半（はん）』と書くそうです。半分の糸と半分の糸をつなぎあわせる、そんなところから来ているのだと……」

被災地では多くのボランティアたちが鉢巻きやTシャツに「絆」という文字を縫い付けて活動していた。私は「絆」という字には別の字源があることも知っていたが、被災地で泥だらけになって活動するボランティアたちの姿を眺めているうちに、青年が教えてくれた字源の方が正しいように思え、彼らが背負っている一字を娘の名前に借りることにした。

伊丹空港から電車に乗って産院に駆けつけ、生まれたばかりの女児を胸に抱きながら、「名前はイトハにするよ」と妻に伝えた。

名前の由来を説明すると、妻は「良い名前だね、ありがとう」と満足そうに言って笑った。

# 第九章

# 警察官の死

# 青年と婚約者

南三陸町に駐在して半年が過ぎた頃、ある青年から連絡をもらい、仙台港近くで会うことにした。「会わせたい人がいるんです」と言うのを聞いて、だいたいの察しはついていたが、彼の車の助手席に乗って待ち合わせ場所に現れたのは、若くて可愛らしい彼の婚約者だった。

お互い昼食を取っていなかったので、近くのファミリーレストランで一緒にランチを食べることにした。そのファミリーレストランも津波の被害を受けているらしく、壁には当時の浸水の高さを示す泥跡がうっすらと染みついていた。

間もなくウエイトレスがやってきたので、私はドリアとコーヒーを、青年はハンバーグ定食を、婚約者は「彼と同じものを」と注文した。

「この前、実家に行ったよ」と私は挨拶代わりに青年に告げた。

「ええ、聞きました」と青年は明るく言った。「お袋、喜んでいたでしょう?」

「うん。でも、別れ際に『もう来ないでください』って言われた」

「なぜ？」

「パパのこと、思い出すからって」

「そんなこと……」

青年からの相談は隣に座っている婚約者との婚姻に関するものだった。文化の日である一一月三日に役所に婚姻届を出そうと考えているのだが、それとなく母親に伝えたところ、あまり良い返事をもらえなかった、どうすればいいだろう、というのがその相談の主旨だった。青年の父親は警察官で震災の津波で殉職している。一一月三日はもちろん、津波が起きた三月一一日の裏返しであり、「震災を覆してやる」という彼なりのメッセージでもあったが、夫を亡くしたその年に息子の婚礼を迎えられないという母親の気持ちも、私には十分理解することができた。

「お母さんの意見を第一に尊重した方がいい」と私は私なりの意見を伝えた。「賛同してくれたらそれでいいし、お母さんが嫌だと言えばやめた方がいい。なんて言うか、今はお母さんの気持ちを大事にした方がいい……」

私が青年の実家を訪問したのは震災から半年が過ぎた九月、宮城県警が殉職者の警察葬を執り行った直後だった。いつものように食卓で夕食をごちそうになった後、私と奥さん（青年の母親だ）は夜遅くまで昔のように世間話をした。奥さんは楽しそうに自分が勤務している職場の話をしたり、今は自立している子どもたちの写真を自慢げに見せたり、家のリフォームで悩んでいるという話をしたりした。「私たち、変わらないわねえ」と奥さんは笑顔で言ったが、私は素直には頷けなかった。夫である警察官がこの場にいないことを除けば、このリビングの風景はあるいは何一つ変わらない。しかし、我々には決定的に何かが欠如していた。奥さんの表情には一人遺された者としての薄暗い陰のようなものが忍び寄っているように感じられたし、たぶん奥さんから見れば、私は随分と年を取ってしまったように見えたに違いなかった。

「僕も本当のことを言っちゃおうかな」と青年は急に私の話を遮って言った。

「実を言うと、僕はずっと三浦さんのことがあまり好きじゃなかったんです。もちろん、今は違うけど……、なんかこう、嫉妬のようなものがあって。だって、たまに実家に里帰りしても、いつも食卓には三浦さんがいて、親父やお袋と親しげに話しているでしょう？　どっちが息子なんだ、なんで他人が自分の家で家族のような顔して食事をしているんだって、そんなことを考えたりして……」

そんな彼の台詞《せりふ》が、私にはどんな言葉よりも嬉しかった。

私がその警察官と知り合ったのはある事件がきっかけだった。

新聞社は今でも入社後間もない新人記者を「サツ回り」と呼ばれる警察担当に配属し、事件取材を通じて仕事のイロハを叩き込む。仙台総局に配属されたばかりの私も当時、早朝や深夜に警察官の家を回る「夜討ち朝駆け」で睡眠時間さえ満足に取れない生活を送っていた。

ある日の午前、朝回りを終えていつものように県警本部内の記者クラブで報道発表を処理していると、不可思議なプレスリリースが目にとまった。暴力団関係者が敷地内に未登記の建築物を勝手に建設し、住人から不当に家賃を徴収していたという建築基準法違反の事案だった。

その文面に私は言いようのない既視感を覚えた。

発表資料に記載されている違法建築の住所が――つまり事件現場の所在地が――私が当時住んでいたアパートの住所と同じだったからである。それはつまり、私が入居したばかりの新築アパートが、宮城県警が事件として着手した「違法アパート」であることを意味していた。

振り返ってみると、いくつか思い当たる節がなくもなかった。アパートは不動産業者を通じて契約した物件だったが、区役所に何度足を運んでも、「該当住所が見あたらない」と転入届を受理してくれなかった。引っ越し後に大家のもとに挨拶に行ったときも、坊主頭の大家から「クルーザーを数台所有しているから、夏には一緒にカジキを釣りに行こう」と普通のアパート経営者らしからぬ誘いを受けていた。大家は建築基準法違反のほかにも、仙台市内の繁華街で違法風俗店を経営し、一六歳未満の少女数人を店で働かせていたという容疑もかけられていた。

私はすぐに宮城県警の担当課に出向いて、実は私もこのアパートに住んでいるのだ、という事実をできるだけ冷静に説明した。担当次長は当初冗談だと思って笑って聞き流していたが、私の口ぶりからどうやら本当らしいということがわかると、すぐに被害者対策を担当していたある警察官に私を引き合わせてくれた。その警察官が青年の父親であり、その後、私と家族ぐるみでのつきあいを続けることになる〈彼〉だった。

そのとき、〈彼〉が真っ先に心配したのは、私の職業と事件の着手時期との関連性だった。大家への捜査は半年以上前から始まっており、私の赴任とはまったく関係はなかったが、〈彼〉は私が報道関係者であり（賃貸契約書により大家は私の職業を知っている）、事件の着手が運悪く私の着任の直後と重なってしまったことから、大家やその仲間が「新聞記者に事件をタレ込まれた」と逆恨みして仕返しに乗り出すことを恐れ、私が新しい住居を見つけて引っ越すまでの間、アパートの周辺に数人の警察官を配置し、何かが起きた場合にはすぐに対応が取れるような態勢を整えてくれたのである。

担当課内で事情聴取を終えた後、〈彼〉は「ちょっとコーヒーでも飲みに行こうか」

と県警本部の裏手にある小さな喫茶店へと私を誘った。ジャズが流れる店内に入ると、〈彼〉とマスターは顔なじみのようで、すぐに奥の席へと通された。

「よく仕事で使ってるんだ」と〈彼〉は席に着くなり私に言った。「いきなり『警察に出頭しろ』なんて言われると誰だっておっかないだろう。だから、『ちょっとコーヒーでも飲もうか』と誘って色々と話を聞いたりするんだ。当事者の性格とか親族間の事情とか。被害者とか事件の関係者が多いけど、被疑者かもしれないと思っている人とも時々こうやって会うことがある。実際に話せば、おおよその感触はつかめるからね。上司に相談して会うときもあるし、独断で専行するときもある。それは新聞記者も同じだね」

〈彼〉は私がそれまで思い描いていた警察官のイメージとは大きくかけ離れた人物だった。威圧的な態度は微塵《みじん》も感じられず、まるでカウンセラーのようにこちらのペースに合わせて話をしてくれる。

一方で、そのときの私は注文したアイスコーヒーの味がわからないほどガチガチに緊張していた。新聞記者になってまだ日が浅く、警察のことは何一つわからなかったし、警察官と一対一で話すこともそれが初めての経験だった。

私が話題に困っていると、〈彼〉は私と会話を合わせるように「趣味は何だい？」と尋ねてくれた。私が「本を読むのが割と好きです」と入社面接のときのように答えると、

〈彼〉は笑いながら「これまで読んだ本のなかで、面白かったのはどんな本だい？」と私に歩調を合わせてくれた。

「大岡昇平《しょうへい》の『事件』と本田靖春《やすはる》の『誘拐』が面白かったです」と私もできる限り〈彼〉の分野に近づこうとした。「何というか、警察や裁判所のことがとてもリアルに感じられて——」

「なるほど、どちらも良い本だよね」と〈彼〉はにこやかに頷いて言った。「世の中には警察を舞台にした作品がたくさんあふれているんだけれど、どれもリアリティーのないものばかりで、本物の警察官としてはちょっと困ってしまうんだよね。『踊る大捜査線』のように誰が見てもエンターテイメントだとわかるように演出してくれればいいのだけれど、『長年の取材によって執筆された——』とか、『リアルな警察内の群像——』みたいな謳《うた》い文句で紹介されているから手に取ると、あまりにデタラメすぎて、ちょっとあきれちゃう。そういう本って、読み物としても面白くないんだ」

　そしてアイスコーヒーの氷をカラカラと鳴らしながらこんな話をしてくれた。

「でも、横山秀夫という人が出てから変わったね。『陰の季節』は面白いよ。警察小説がグッとリアリティーを持つようになってきた。彼は事件記者としての経験が長いんだろうな。警察官以上に警察組織のことをよく知っているし、彼が現場の警察官に愛されているのが手に取るようにわかる。まずはその組織に深く入り込むこと。そして、その組織の人間に愛されること。それがきっと捜査でも取材でも一番大事なことなんだろうね」

## 一歩踏み込むことの大切さ

その日を境に、私は〈彼〉と毎日のように顔を合わせるようになった。警察本部内の職場を毎日訪ねていくことははばかられるため、私は終業後、ちょっとしたおつまみを持って毎晩、〈彼〉の自宅に夜回りに行った。

〈彼〉は初めこそ、自宅前で帰宅を待ち伏せしている私を見るなり「俺じゃなくて、もっと偉いヤツの家を回れよ」と執拗に追い返していたが、それを何度も重ねているうちに「まっ、仕方ねえか。夜回り先も満足に持てない惨めな新聞記者に一杯だけつきあってやろう」と苦笑いしながら自宅の中へと招き入れてくれるようになった。

初めて自宅に上がるとき、玄関先でこう教えられた。

「警察では『一に掛け軸、二に子ども、三に嫁さん』って言ってな。家にお邪魔するときにはこの三つを順番に褒めるんだ。見事な掛け軸ですね、頭の良さそうなお坊ちゃんですね、おや、お美しい奥様ですね。そう言われて気分が悪い亭主はいないからな。奥さんに好かれれば、その家には俄然《がぜん》通いやすくなる。家族ぐるみのつきあいになれば、もう切っても切れない仲ってわけだ」

以来、私は転勤で仙台を離れるまでの四年間、毎日のように〈彼〉の自宅で家族と一緒に夕食を囲んだ。最後まで事件のネタはもらえなかったが、〈彼〉との何げない会話のなかから、私は警察という組織が――あるいは犯罪を抱える社会というものが――どのような仕組みによって成り立っているのか、その根幹を学んだように思う。

考えてみれば当たり前のことなのかもしれなかったが、私がそれまで特別な存在だと思い描いていた警察官も、人間として深くつきあってみれば誰もが一般人と何ら変わらない「普通の人」たちだった。私たちと変わらない一般家庭に生まれ、同じように義務教育を受けて育ち、かけがえのない家庭を守りながら生活している。サラリーマンと同じように組織に不満を抱き、個人的な悩みを抱え、夢と現実の間で日々せめぎ合っている。

そしてそれは警察官だけでは決してなかった。私がその後取材した幾多の職業人たちも、一歩内面へと踏み込んでみると、誰もが私たちと何ら変わらない「普通の人」たちばかりだった。検察官も裁判官も、弁護士も医師も、知事も市長も、誰もが「表向き」の顔を整えて職務にあたっている一方で、個人的な悩みをいくつも抱え、幸せとは何かに苦悩し、理想と現実の狭間でもがき苦しみながら日々をなんとかやり過ごしている。

そうした人間の内実に触れた後で職場に戻ると、「警察は――」「医療業界は――」と組織をひとまとめにして一刀両断にする現在の報道がいかに乱暴で、実効力を持たないものであるかが身にしみてわかった。批判で組織を変えることはできない。組織を動かしているのはいつだって人であり、人が変わらない限り、組織は絶対に変わらないからだ。そこで働いている人が自然に変われるような手段や方策を提示しない限り、組織の変革は進まない。必要なのは批判ではなく、記事を執筆する者の組織内部への深い洞察力と実効力のあるその提言なのだ。

そのためにはまず、内部の「人」を知らなければならない——私は警察官の〈彼〉にそう教えられた。一歩踏み込むことの大切さ。そして、最後には突き放す勇気を持つこと（それは記者にとっては強く書くということであり、警察官にとっては「逮捕する」ことを意味した）。まだ人生の初期とも言えるあの時期に、〈彼〉との日常会話の中で職業記者としての根幹を鍛えることができたことは、私のその後の人生にとって計り知れない財産を残した。

誤解を恐れずに言えば、私は当時、宮城県内では突出して「目立った記者」だったと思う。朝日新聞仙台総局にはその頃、「伝説の事件記者」と呼ばれたベテラン記者がいた。若くして腎臓病を患い、透析治療のため他総局への転勤ができなかったその老記者は三〇年近くも仙台総局に勤務し、宮城県警の内側に無数の人脈を張り巡らしていた。彼の引退に合わせてその人脈を引き継いだ私は、競合他社を圧倒する勢いで県警内部を縦横無尽に泳ぎ回った。容疑者の逮捕や事件の着手といった捜査情報は多方面からほぼリアルタイムで入ったし、だから「小ダネ」については焦ることなく競合他社に書かせ、半年に一度の「大トロ」（新聞業界で使われる「大事件」の隠語）に狙いを定めて特ダネを放てるだけの精神的な余裕があった。心から信頼できるデスクや優秀な部下にも恵まれ、仙台総局に勤務した四年間のうち、私は事件キャップを任されていた後半の二年間は事件で他社に負けた記憶を持たない。朝日新聞社では通常二カ所五、六年が慣例だった地方勤務を一カ所四年で切り上げると、私は鳴り物入りで東京社会部へと異動した。

そして、そこで私は敗北した。「サツ回り」として担当した新宿署でも、「司法担当」として配属された東京地検特捜部でも、仕事らしい仕事は何一つ残せず、やがて周囲の「お荷物」になった。所詮、地方のベテラン記者の人脈を受け継いでいい気になっていただけだったのだ。血眼になって取材先を回ってみても、ネタを取れないのはもちろんのこと、気軽に意見を交わせるような人脈さえもまったくと言っていいほど築けない。記事を書こうと焦れば焦るほど、すべてが技巧的になり、仕事は本質を失っていった。

〈彼〉はそんな私をずっと仙台から見守ってくれていた。東京に異動した直後は私もまだ粋がっていて、東北出張がある度に東京土産などを持って〈彼〉の自宅を訪れていたが、一年も経つと自分の本当の姿を見せられなくなり、次第に足が遠のいていった。〈彼〉からの年賀状には「無理することなく、一歩一歩」とか「人生は苦しいときもある」といった言葉が並ぶようになり、私は次第に〈彼〉に年賀状を返すことさえ億劫《おっくう》になった。〈彼〉はもちろん気づいていたのだと思う。当時の私が過度にうぬぼれていたことも。いつか壁にぶち当たってもだえ苦しむだろうということも。

私は弾き出されるようにして地方勤務に出されると、そこで自分を見つめ直そうと、それまで趣味のカヌーで親しんできた川をテーマに取材を続けた。それらを運良く一冊の書籍にまとめることができたとき、私は真っ先に〈彼〉のもとに見本を送った。あるいは、あのときすぐにでも〈彼〉の自宅に出向いて本を献上するべきだったのかもしれない。〈彼〉からは直後にねぎらいの手紙が届いたが、私はすぐに別の旧満州を舞台とした大きなテーマの取材に携わってしまい、なかなか仙台に足を運ぶことができなかった。

そんなふうにして私と〈彼〉は二〇一一年三月を迎えたのだ。

## 後輩からの電話

東日本大震災が発生したとき、私はまったくと言っていいほど〈彼〉の身を案じなかった。〈彼〉の自宅は山を切り崩して造った仙台郊外の新興住宅地にあり、勤務先も津波の被害とは関係のない地域にあった。地震の数日後、〈彼〉の携帯電話にそれとなく電話を入れてはみたが、たとえつながらなくても、いつものように前線で被災者の救援を指揮しているか、警察本部で若い警察官たちの後方支援にあたっているのだろうと思い込んでいた。

〈彼〉の殉職を知ったのは一八日間に及んだ最初の被災地での取材を終え、東京の立川支局に戻った直後だった。かつて仙台総局で一緒に事件を担当した後輩記者の南彰《あきら》が「新聞の震災死亡者欄に変な名前がある」と電話で私に教えてくれた。当時、新聞では遺体で見つかったすべての犠牲者の氏名を掲載しており、政治部に異動していた南が自らの知り合いがそこに含まれていないか毎日チェックしていたところ、偶然、私と親しかった〈彼〉の名前を見つけたのだ。「たぶん同姓同名の別人だと思いますが、万一のこともあるので」と南は言葉少なに通話を切った。

私はすぐに〈彼〉の携帯電話に連絡を入れた。何度掛けてもつながらなかったので、今度は自宅の番号に掛け直してみた。

一分ほどたって、聞き慣れた奥さんの声が受話器から聞こえた。

「三浦さん？　一体どうしてたのよ、随分と心配してたんだから……」

奥さんの声が明るかったので、私は真っ先に後輩の忠告に腹を立てた。そそっかしい奴め、大事な情報を上げるときは、しっかり裏取りしろと言ったろう――。

「〇〇さん、大丈夫ですよね」と私が何げなく確認してみると、少しの間があって、奥さんは小さく何かを呟いた。「馬鹿」という単語が聞き取れたので、私はそれを「馬鹿ね」という否定語として受け取った。「いや、心配しましたよ」と私が言うと、彼女はやはり「馬鹿」という言葉を受話器の向こう側で震えながら繰り返した。今度ははっきりと「馬鹿だから」と聞こえた。

「あの人……、馬鹿だから……、津波に突っ込んで死にました……」

受話器の向こう側から奥さんの泣き声が漏れ伝わってきた。私は激しく混乱しながらも、有り得ない、と目の前の事実を必死に打ち消そうとした。〈彼〉の自宅は内陸部の高台にあり、今の配属先でも被害者は出ていない。いくら津波が押し寄せてきても、〈彼〉は死ねない環境にあるのだ。

「馬鹿だから……、馬鹿だから……」と奥さんは何度も繰り返し、涙声はやがて嗚咽に変わった。

パパは県外に出張中だったんです、その帰り道に津波に遭遇したんです、車を運転していた同僚は高所に逃げて無事だったのに、パパは女性が津波に流されるのを見て、自ら水の中に進んで行って……。

私は呆然となりながら、ただただ受話器を握りしめていた。どれくらいの時間が過ぎたのだろう、気がつくと、通話はすでに途切れてしまっており、受話器からはツーッツーという電子音だけが聞こえていた。

それから私は立川支局に誰もいないことを確認すると、デスクに顔を埋めるようにして狂ったように泣いた。奥さんがそうしていたように「なんで……」という言葉が自然と口をついた。

まともなことは何一つ考えることができなかった。三〇分以上泣き続けた後、〈彼〉が何度も口にしていたあるフレーズがふと胸に浮かんだ。

〈悩んだら、なぜその職業を選んだのかを考えろ――〉

それは生前、〈彼〉が事あるごとに私に教えたフレーズだった。職業を選ぶことは、すなわちどう生きるかを選ぶことだ。自分にとって大切なものは何か、最後まで失いたくないものは何か。もし人生で迷ったら、なぜその職業を選んだのかを考えろ――と。

社会部長から被災地赴任の打診を受けたのは、〈彼〉の死を知った数日後だった。部長からは岩手か福島を勧められたが、私は「南三陸町で」と希望を伝えた。そこが〈彼〉の出身地であり、二人で何度も魚釣りや山菜採りに出掛けた思い出の場所だったからだ。

〈彼〉はよくこんなふうに故郷を語っていた。

「いい町なんだ、海も人も穏やかで――」

私は職業記者として、〈彼〉が命がけで守ろうとした風景を、しっかりと後世に書き残そうと思ったのだ。

## 〈彼〉からの相談

「実は生前、君のお父さんから一度だけ、君について相談を受けたことがあるんだ」

「相談？」

「そう。君の進路についての相談だ」

仙台港近くのファミリーレストランで〈彼〉の息子である青年と向き合っているうちに、私は急に、それまで封印していた〈彼〉との記憶を目の前の青年に話しておこうという気持ちになった。いささかプライベートな内容であり、その直前までは〈彼〉自身も息子である青年には話してほしくないと思っているのではないかと考えていたが、随分と面影が似てきた青年の姿を見ているうちに、〈彼〉があの日思い悩んでいたことをできるだけ正確に当事者に伝えておこうと思い直した。

寒い秋の日の夜だった。〈彼〉は夕食後に「ちょっと相談があるんだ」と言って私を犬の散歩へと連れ出した。市街地を抜け、公園のベンチに腰を掛けても話はなかなか始まらず、結局話が始まったのは〈彼〉の自宅の玄関先だった。

「実は息子の進路についての相談なんだが――」と〈彼〉はいつもとは違い、少し恥ずかしそうに私に言った。「新聞記者としての三浦くんの意見を聞きたいと思ってさ。ほら、身内じゃないし、それでいて、何も知らないというわけでもない――」

〈彼〉はあまり多くを語らず、相談の内容も「どう思う？」という簡単な問いかけに過ぎなかったが、私にはもちろん、〈彼〉が悩んでいる本当の理由を理解することができた。

〈彼〉の息子である青年が当時、医療関係の専門学校に通っており、看護師を目指していたからである。

二〇〇一年一月に発覚した「北陵クリニック・筋弛緩剤点滴混入殺人事件」は、宮城県警が摘発した史上最大の「犯罪」であり、史上最悪の「事件」でもあった。仙台市泉区の北陵クリニックに勤務していた青年准看護師が患者の点滴に筋弛緩剤を無差別に混入し、立件されただけでも一人を殺害し、四人を殺害しようとしたとされる事件（取り調べを担当した警察官はその後法廷で「青年准看護師は取り調べ段階において急変させた患者の数を『三〇人ぐらい』と供述していた」と証言した）は、逮捕三日後に青年准看護師が全面否認へと転じたことから、法廷の内外で冤罪《えんざい》の可能性が指摘され、宮城県警の捜査手法や鑑定能力について全国から多大な批判を招き込む結果となった。

もちろん、「最悪」と呼ばれる真の理由は、そんな表層的なところには存在していない。その最大の要因は、宮城県警が逮捕し、その後、無罪主張に転じた准看護師の父親が、警察組織がどんなことがあっても守ろうとする「身内」、つまり宮城県警の優秀な警察官だったからである。

宮城県警は当時、それらの事実を隠しに隠した。弁護団や冤罪事件の支援者であればいざ知らず、息子の無罪を信じるあまり、現職警察官である父親自らが身内の警察批判の先頭に立つことを何よりも恐れたのである。

宮城県警では多くの警察官が任官初期の一時期を同じ官舎で過ごす。よって宮城県警内には事件発覚当時、同僚である父親とはもちろん、その息子で容疑者となった青年准看護師とも家族づきあいをしていた県警幹部が多数おり、そのうちの何人かは事件発覚後、警察幹部から「彼に自白するよう説得してくれないか」との要請まで受けていた。私と家族づきあいを続けていた〈彼〉もまた、青年准看護師が幼かった時代に膝の上に乗せて遊ばせていた「知り合い」の一人だった。

警察や検察に「キャリア」と「ノンキャリ」という絶対的な制度上の区分があるように、医師や看護師の世界にも人間の能力では決して越えられない制度的な「壁」が立ちはだかっている。警察組織に「キャリア」よりも遥かに優秀な「ノンキャリ」が存在するように、医療業界にも当然、「医師」よりも技術的に優れた「看護師」がいる。容疑者からの供述が得られない中で、宮城県警は当時、それらの「ひずみ」が優秀だった青年准看護師を無差別殺人という凶行に走らせた動機ではなかったかと推察していた。

容疑者の父親とほぼ同世代でもあった〈彼〉は、自らの息子が事件の容疑者と同じ看護師という職業を選ぼうとしていることに、若干のためらいを抱いているようだった。逮捕された准看護師が地域でも評判の「イケメン」であり、〈彼〉の息子もまた同様にルックスに恵まれた青年であったことが、〈彼〉の不安を高じさせる原因にもなっていた。

## 感謝の記憶

「そのとき、三浦さんはなんと答えたのですか」

西日が差し始めたファミリーレストランで青年は私にストレートに尋ねた。

「少し悩んだんだけれどね。『息子さんの意思を尊重すべきだと思う』と最後には答えたと思う」

「思う?」

「正確には覚えていないんだ。『悩んだら、なぜその職業を選んだのかを考えろ』というのが君のお父さんの口癖だった。それならば、今まさに、『どう生きるか』という人生で最も大きな命題に立ち向かっている一人の青年に対しては、たとえそれが親であっても、その決断に口を挟むべきではないんじゃないかということを生意気にも言ったような気がする。どんなにその子を愛していても、親はその子の人生までは背負えない。将来、大きな分岐点で悩んだときには必ず、誰もが自分の責任で決断していかなければならない。その決断において人が真っ先に思い出すのが、『職業を選ぶ際に自分と向き合ったときの記憶だ』と君のお父さんはよく言っていた。その職業選択の判断に不必要な疑義を挟むことは、その子が将来何かの選択を迫られたときに、その判断の根拠を脆弱にするのではないか。そんなことを言ったら、お父さんは黙って頷きながら聞いていたよ。別れ際、『意見を聞けて良かった、ありがとう』と言って褒められた」

それまで緊張して聞いていた青年の表情が一瞬緩み、今にも泣き出しそうな顔に変わった。青年は今、専門学校を卒業し、看護師として関東地方の大学病院に勤務している。かつて自宅ですれ違ったときにはまだあどけなさが残る学生だったのに、震災後は父親の葬儀を終えるとすぐに石巻市内の病院に駆けつけて治療や救援に当たるような立派な職業人になっていた。「面影がお父さんに似てきたよ」と言おうとした瞬間、なぜか涙がこぼれそうになった。

三人でランチを食べた後、我々はファミリーレストランの駐車場で握手をして別れた。

青年は車に乗り込む直前、こちらを振り返って私の名を呼んだ。

「三浦さん、また実家に遊びに来てくださいね。親父はいなくなっちゃったりれど、僕と彼女とお袋と三浦さんの四人でまた一緒に鍋でも食べましょうよ」

　私は少し考えて、彼に向かって大声で叫んだ。

「四人じゃダメだ。俺も今は結婚して妻と二人の子どもがいるんだ。今度は家族を連れて来てもいいかな——」


　南三陸町での勤務が終わり、東京での生活に慣れ始めた頃、献本した『南三陸日記』を読んでくれた〈彼〉の奥さんから携帯電話に連絡をもらった。

「パパのふるさとに赴任してもらって、こんな立派な本まで書いてもらって、パパもずいぶん感謝していると思うわ——」

　久しぶりに聞く奥さんの声に私は胸がいっぱいになり、すぐには言葉が出てこなかった。

「ねえ、三浦さん、今度はいつ来てくれるの？」と奥さんは昔のように明るく言った。

「もう事件記者じゃないんだから、前触れもなくいきなり来ないでね。三浦さんの大好きなカレイの塩焼き、ちゃんと作って待っているから——」

「実はその本は——」と言いかけて、私は本心を告げるべきかどうか躊躇《ちゅうちょ》してやめた。

《その本は〈彼〉に読んでもらいたくて書いたんです——》

そう伝えようと思ったが、なんだかそれらの言葉が明るく生きようとしている奥さんの重荷になってしまうような気がして、結局、最後まで伝えられなかった。

# 第一〇章

# ジャーナリズムとは何か

## 米国留学

南三陸町での駐在勤務を終えた後、私は所属する朝日新聞社の社費留学生としてニューヨークにある米コロンビア大学に留学した。期間は二〇一二年六月から二〇一三年六月までの一年間で、客員研究員の肩書だった。

朝日新聞社では春と秋に大きな人事異動が行われ、その直前に個人の希望が聞かれることになっている。私が当時派遣されていた「南三陸駐在」は東日本大震災取材に特化した期間限定の取材拠点であり、当時は震災一年で閉鎖されることになっていたので(実際にはその後、閉鎖は二年間先延ばしされた)、私はその直前に実施された進路希望の調査書に「南三陸駐在の任期をもう一年間延長してほしい」という要望と、「それが難しいのであれば、(新聞社が海外特派員の養成を目的に実施している)社費留学生に応募をしたい」という希望を書いて上司に提出していた。

「希望言語を変更すれば、社費留学生として採用されるかもしれない」という連絡を上司から受けたのは、調査書を提出して数週間が過ぎた頃だった。それまで留学経験のなかった私は調査書の希望言語欄に東南アジアの言語を記入して提出していたが、「まずは英語をしっかりと身につけた方がいい」という上司のアドバイスに従って希望言語を英語に変えて再提出したところ、社費留学生としての内定通知を受け取った。

わずか一年で被災地を離れることについて、後ろめたさを感じなかったと言えば嘘になる。町は依然がれきに覆われ、大多数の住民がすきま風の吹き込む仮設住宅の中で苦しい生活を余儀なくされていたし、私自身、まだ被災地で取り組むべきテーマをいくつも抱え込んでいた。被災地から逃げるのか。そんな迷いが胸に去来し、眠れない夜を何日も過ごした。それでも予期せず決まった海外留学をこれまでお世話になった人々に相談すると、彼らは皆、自分のことのように喜んでくれた。仮設住宅で暮らす自治会長は「俺たちはどこにも行かない。一回りも二回りも大きくなってまたここに帰ってくればいい」と祝いの酒を妻に運ばせ、息子と娘を失った女性は「悩む必要なんて全然ないじゃない。あなたが行かないのなら私が行くわよ」と笑いながら私の背中を押し出してくれた。

朝日新聞社が実施している社費留学制度は留学先の学費や滞在費については全額会社が補助してくれるものの、留学先は自分で見つけてこなければならなかった。私は夜の睡眠時間を大幅に削って留学の準備に取り組んだ。ＴＯＥＦＬ（英語能力測定テスト）

の結果が必要だったため、内陸の盛岡市の会場で受験したところ、リスニングは小さな机の上に段ボールで隣との仕切りを付けただけの「被災地仕様」の会場だった。必要な得点をなんとかクリアし、現地での研究計画を添えてコロンビア大学に郵送したところ、運良く採用通知を受け取ることができた。

## 桜の下の約束

最初に合格の知らせを伝えたのは、一緒に英会話教室に通っていた二〇歳の佐藤夏美《なつみ》だった。取材拠点を置いていた南三陸ホテル観洋には当時、海外からやってきたボランティアらが無料の英会話教室を開設しており、私と夏美はその数少ないクラスメートだった。夏美に留学先がニューヨークに決まったことを伝えると、彼女は「すごい、すごい！　人間って頑張れば何でもできるんだね」とまるで女子高生のようにはしゃいで私の合格を喜んでくれた。二人で英会話の授業を受けた後、ロビーのソファに腰掛けて缶コーヒーでお祝いをした。

夏美と最初に出会ったのは東日本大震災から五カ月が過ぎた二〇一一年夏だった。

南三陸町では例年、東京や仙台で働いている新成人が帰郷しやすいよう、成人式はお盆の時期に実施されている。ただその年は本来会場となる町営体育館がまだ避難所になっていたため、帰郷した「新成人」たちは住民有志が企画した「新成人を祝う集い」に出席することになっていた。成人式では出席者が着物姿で集まることが慣例だったが、多くの新成人が津波で着物や礼服を流されているため、会場の入り口では京都の有名県服店がレンタルの浴衣を持ち込んで参加者たちに無料で着付けを施していた。

その中で一人だけ、スーツ姿で会合に臨んだ新成人がいた。

それが夏美だった。震災で最愛の母を失っていた彼女は、会場で私の取材にこう述べた。

「母の新盆と重なってしまい、お悔やみに来て頂いた人の対応で遅れてしまって……」

あの日、夏美は母と一緒に高台へと逃げた。坂道を中腹まで駆け上ったとき、母は急に足を止めて、「おじいちゃん、どうしただろう」と高台の下にある自宅へと戻っていった。自宅にたどり着く前にはもう、黒い波に囲まれていた。祖父と叔父、叔母が乗った車が津波に飲み込まれ、母は自分の最期を悟ったのだろう、黒い渦に飲み込まれる直前、坂の中腹にいる娘に向かって精いっぱい叫んだ。

「夏美っ、逃げなさい！」

坂の中腹でその一部始終を目撃した夏美は、腰が抜けたようにその場から動けなくなった。津波がひたひたと高台を駆け上がり、足首や尻が黒い波に浸ったとき、二人の男性に両脇を抱えられ、高台にある特別養護老人ホームへと引きずり込まれた。

津波はその施設の中にも容赦なく押し寄せてきた。音を立てて窓ガラスは割れ、壁が次々に打ち破られていく。近くの柱にしがみつこうと思ったが、恐怖で半狂乱になった施設の居住者たちが夏美の両脇にしがみつき、すぐに身動きが取れなくなった。地鳴りのような轟音がとどろき、黒い波は胸にまで達した。施設の居住者たちが一人二人と流されていき、悲鳴をあげながら波の中に飲まれていく。やがて、夏美自身も黒い波に沈んだ。

〈助けて……、助けて……〉

凍えるような濁流の中で、夏美は確かに人が助けを求める声を聞いた。

〈助けて……、助けて……〉

ああ、自分もこれで死ぬんだな、と覚悟したとき、大きな声が脳内で響いた。

「夏美っ、逃げなさい！」

〈お母さん――？〉

なんとか目を見開くと、両脇の高齢者はどこかにいなくなっていた。濁流の中でむき出しになった施設の鉄骨にぶつかり、夏美は無我夢中でその柱を力いっぱい抱きしめた。

〈お母さん、私、どうすればいいの？〉

やがて押し波が引き波に変わると、それまで津波によって山や高台へと押しやられていた軽自動車や家屋の一部が、ものすごい力によって沖へ沖へと引きはがされていった。

海から陸へと向かう押し波が濁流なら、陸から海へと戻る引き波はその何倍もの力を持った滝のようだった。夏美は全身の力を振り絞ってむき出しの鉄骨を抱きしめながら、心の中にこだまする母の呼び声を聞き続けていた。

結局、夏美は津波で母と祖父、叔父と叔母の四人を失った。以後、彼女の生活は激変した。朝六時に起床して父と弟の弁当を作り、昼間は工場で事務員として働いた。

私が夏美と出会ったのは、ちょうどそんなときだった。将来の夢を聞くと「高校時代、進学したかった。まだその夢は諦めていなくて、傷ついた人の心に寄り添えるような仕事がしたい」と言うので、私はボランティアらが運営していた英会話教室に彼女を誘った。毎日午後七時から約一時間、観光ホテルの一室に設けられた教室で一緒にボランティアの青年から英語を学んだ。

コロンビア大学から正式に招聘状を受け取った翌日、我々は桜の木の前に二人並んで記念写真を撮った。

「来年留学から帰国したら、僕は絶対この町に戻ってくる。そしたらまた一緒に写真を撮ろう。君は大学生になっているかもしれないし、あるいは誰かのお嫁さんになっているかもしれない」

「プレッシャーだなあ」と夏美は笑った。

「プレッシャーなんかじゃないよ」と私は言った。「君はこれからもずっと生きていく。君がどんな風に生きていくのか、僕はずっと君の姿を写真に撮り続けていこう。そして、その写真を君のお母さんの霊前に供えよう。お母さんはきっと見たかったと思うんだ。君が立派な社会人になるのを。あるいは誰かと結婚し、幸せそうに笑っているのを——」

私はかつて彼女の自宅があった坂道の近くを選んで彼女のポートレートを数枚撮影した。彼女はとても嬉しそうに微笑んでくれた。数十本ある木々のうち、なぜか一本の桜だけが満開になっていた。

## ブートキャンプ

米コロンビア大学に留学すると、私は自分でもびっくりするほど語学の勉強に打ち込んだ。まるで幼稚園のような大学付属の語学学校はいち早く抜け出し、馴染《なじ》みのあるジャーナリズムや比較的容易な文化芸術の授業を選んで知識や語学の習得に励んだ。私には明確な目標があった。私はなんとしてもジャーナリズムの先進国と呼ばれるこの国で、一つでも多くのジャーナリストとしてのスキルを身につけたかったのだ。

アメリカの大学や大学院がそこで学ぼうとする人たちの目に極めて魅力的に映るのは、

授業の内容が単なる知識の習得に偏っておらず、社会でそれらをすぐに活用できるよう、具体的で実践的なカリキュラムが随所に組まれているからなのだろう。

私が受けた数多くの講義の中でひときわ強く印象に残ったのは、ジャーナリズムスクールで開かれていた危険地帯における報道に焦点を絞った特別講座だった。コロンビア大学の学生に限らず、戦場や災害地という特殊な環境で活動するジャーナリストやNGO関係者などにも広く門戸が開かれたプログラムで、参加者たちは丸三日間、午前八時から午後五時までみっちりと危険地帯における報道の基礎をたたき込まれるため、大学院事務局ではそのプログラムを「ブートキャンプ」（軍隊の新人研修所）というニックネームで紹介していた。

最初の講義は「危険地帯にはどのようなリスクが待ち受けているのか」というイントロダクションだった。担当教官は現在も危険地域で活動を続ける現役のフリーランスジャーナリストで、実際に危険地帯で撮影された映像を教室の壁にプロジェクターで大写しにし、「現場では何が起きるのか」といった実例を紹介していった。

紛争地を取材しようとして反政府勢力にレイプされてしまった女性記者の写真。災害現場で暴徒化した住民に襲われるフォトグラファーの映像。銃撃され、腕をもぎ取られたジャーナリストへのインタビュー……。映し出される映像はどれもが凄惨なものばかりで、当然のことながら「危険地帯での取材は常に生命の危険に満ちている」といったことを受講者に強く印象付ける内容になっていた。

コーヒーブレイクを挟んだ次の講義では、担当教官であるコロンビア大学の教授による具体的なリスクへの対処法に関するレクチャーが行われた。

大学教授は冒頭、受講生たちを見渡しながら「危険地帯にはそもそも、絶対的な対処法など存在しない」と一見矛盾するような発言をした。

「それでも一定の知識があるのとないのとでは、被害を回避できる確率が大きく違ってくる。まずは兵器の特性をよく頭に入れておくように」

大学教授はそう言うと、プロジェクターで小銃やロケット砲、地雷といった武器や兵器の写真を次々と映し出し、それぞれの射程距離や貫通力、爆発によって被害が及ぶ範囲や方向などをたっぷりと時間をかけて解説していった。

教授はコーヒーカップを片手に持ちながらこんな軽口を披露した。

「紛争地でよく使われているカラシニコフ銃はその射程距離が三〇〇〜六〇〇メートルだと言われているが、実際には三〇〇メートルも離れていればまず当たらない。だからベテランのジャーナリストたちは遠くであの特徴的なタタタタタタッという乾いた連射音が響いてきても、距離さえ離れていればコーヒーを片手にペーパーバックの本を読んでいられると言うが、まあ、逃げた方が賢明だろうな」

受講生の間に小さな笑いが広がった。

「ただ、もしそこに狙撃手がいるような場合には、すぐに現場から撤収するように」と大学教授は表情を変えて続けた。「建物の屋上などから狙ってくる狙撃用ライフルは命中の精度が極めて高い。狙撃手が潜んでいそうなエリアにはなるべく足を踏み入れないか、もし踏み込んでしまった場合には、即座に取材を中止して撤収の準備に取りかかるべきだ」

「運転中に銃撃されたら、どうすればいいですか？」と受講生の一人が手を挙げて尋ねた。

「走行中であれば、そのまま現場を走り去るべきだ」と大学教授は答えた。「動いている車を狙撃することは、実は相当難しい。逆に止まっている車を撃つことは、自宅でレモネードを作るぐらいに簡単だ。もし車が停車中だったり、その場で車が動かなくなってしまったりしたら、すぐに車を飛び出して、いち早く安全な場所に逃げ込むべきだ。車内に身を隠すのは自殺行為。車のボディーは銃弾を簡単に貫通させるし、何より標的になりやすい。近くに隠れる場所がない場合には車の前方部分、つまり一番堅いエンジンの部分に隠れるのが鉄則だ」

大学教授はプロジェクターの電源を切ると、今度は自爆テロの現場が撮影された数枚の写真をホワイトボードに貼った。

「危険地帯での襲撃やテロにはいくつかの固有なパターンがある」と彼は机の上に腰掛

けて言った。「かつてパキスタン南部では同時に二つ爆発物が仕掛けられ、それらが時間差で爆発するという傾向があった。最初の爆弾がまずアーケードの中心部で爆発する。それに驚いた群衆が出口へと殺到するのを待って、次の爆弾を爆発させるんだ。現地のジャーナリストを通じて、事前にそれらの『癖』を頭にたたき込んでおけば、その特徴に応じて適切な回避行動を取ることができる。一方、ジャーナリストを狙った襲撃はそのほとんどが自宅や職場の周辺で起きている。移動は必ず車で行い、常に通勤ルートを変えること。やっかいなのは銃撃ではなく、むしろ交通事故を装った襲撃の方だ」

「交通事故は防げない」と受講生の一人が口を挟んだ。

「そう、交通事故は防げない」と大学教授も微笑しながら頷いた。「だから、危険地帯でのリスクについては、絶対的な対処法など存在しないんだ。防弾チョッキや救急救命道具は必ず持参し、フェイスブックからは個人や居場所を特定されそうなプロフィールやスケジュールは削除しておく。そして万一自分の身に何かが起きた場合には、最低限対処できるだけの方策を身につけておく。結局、自分の身は自分自身で守るしかないんだ――」

## 「血だらけ」の授業

ランチの後は「応急処置」に関する講義だった。担当係員の指示により、ジャーナリズムスクールの前庭へと歩み出た瞬間、私は目の前に広がる光景に思わず立ちすくんでしまった。青々とした芝生の庭に血だらけのマネキンが数体、服を着たままの状態で散乱していた。マネキンには疑似血液が塗られているらしく、目から大量に「出血」しているマネキンや、脚をもぎ取られて衣服が真っ赤に染まっているマネキンも見える。

「これから応急処置に関する講義を始めます」と担当係員が言い、アフガニスタンから帰国したばかりだという女性の野戦看護師が紹介された。

胴回りが小型のドラム缶ほどもありそうな野戦看護師は参加者たちを睨みつけた後、「ジャーナリストが危険地帯で怪我をしても、特別な手当てを受けることはできません」とまるで受講生にケンカを売るかのような勢いで言い放った。「でも、これだけは覚えておくように。どんなに大怪我をしたとしても、人は応急処置さえしておけば、『かなりの確率で生き抜ける』のです。では、『かなりの確率で生き抜く』ためにはどうすればいいのか。それを今から教えます」

荒々しい野戦看護師の指示の下、参加者たちはその場で二人一組のペアを組まされ、芝生の庭で倒れ込んでいる一人の負傷者（マネキン）を救助するというミッションを与えられた。私のパートナーはイタリアのテレビ局に勤務する二〇代の女性記者だった。参加者たちは野戦看護師のかけ声と同時に負傷者のもとへと駆け寄り、意識の有無と負傷の程度を確認した後、ロープを使って負傷者を安全地帯に運び込まなければならない。「危険地帯では三人で行動することが鉄則です」と野戦看護師は大声で言った。「万一仲間が負傷したとき、二人で負傷者を安全な場所へと運び込む。それが難しいようならば、一人はすぐに手当てを行い、もう一人は救援を呼びに行く。足や手に深い傷を負っても、それらはすぐに死を招かない。問題はその後、どう処置するかだ。出血を止められなかったり、細菌に感染したりすると、死の危険が一気に押し寄せてくる」

野戦看護師の笛と同時に、我々は芝生に寝かされたマネキン目掛けてダッシュした。疑似血液が塗られた「人体」は予想以上にヌルヌルとしていて、ロープで体を引きずろうとしても手元が滑ってうまく運べない。「大丈夫だ、怪我は軽いぞ」と英語で必死に呼びかけながら、血だらけのマネキンをなんとか校舎の前の安全地帯にまで引きずり込んだ。

パートナーのイタリア人記者がすばやくマネキンの右腕上部にタオルを巻き付け、そこにボールペンを絡ませてワインのコルクスクリューのようにくるくる回し、患部を堅く止血していく。「どこまで強く絞ればいいのかわからない！」とイタリア人女性記者が叫ぶように聞くと、野戦看護師は「今は気にしなくていい！」と野太く言った。「現場では出血が止まるまで絞れ。止まったら、それが止血完了のサインだ！」

マネキンの次は「鶏肉《とりにく》」だった。実際に肉の感覚を身につけるため、死んだ鶏の腹部に疑似血液を流し込み、包帯と大量のガーゼを使って止血する。参加者の多くが紛争地帯などでの取材経験があるためか、血だらけの鶏を直視できなかったり、涙ぐんだりしている受講生もいる。

野戦看護師はそんな受講生の感情には目もくれず、大声で指示を浴びせ続けた。

「傷口にガーゼを詰め込もうとすると、負傷者は必ず『何をするんだ』と抵抗する。どんな事があっても絶対にひるむな。お前の命を助けているんだ、と大声で怒鳴りながら処置を続けろ」

気がつくと、参加者全員が「血だらけ」になって芝生の上に倒れ込んでいた。

## 報道記者とＰＴＳＤ

二日目は「ＰＴＳＤ」（心的外傷後ストレス障害）に関する講義だった。アメリカではベトナム戦争やイラク戦争などで従軍したジャーナリストたちが帰国後、深刻な心的障害を患ったため、「ジャーナリストと心理的トラウマ」が研究者や報道機関の主要な研究テーマになっているらしかった。

「危険地帯でジャーナリストたちが受ける心理的トラウマは、災害や事故の直後に活動する警察官や消防士たちのそれと何ら変わりがありません」と授業を担当する精神科医は冗談を交えながら受講生に伝えた。「にもかかわらず、ジャーナリストに対する心理面でのサポート態勢はまったくと言っていいほど整備されていない。彼らに共通している特異的な『症状』はただ一つ。診察がまだ終わっていないのに、多くが『締め切りがあるので』と慌ただしく職場に戻ろうとすることです」

　精神科医がホワイトボードに書き出した説明によると、アメリカ精神医学会では、心身に強い衝撃を受けた後、必要もないのに周期的にその出来事を思い出したり、急に人を避けるようになったりするジャーナリストの症状をＰＴＳＤと認定している。集中力が続かなくなったり、うまく睡眠が取れなくなったりすることで、仕事や家庭での人間関係に問題が生じるジャーナリストも少なくない。適切な治療によって数週間で症状が改善する記者もいれば、それが数年間という単位に及んでしまう人もいる。警察官や消防士と違い、ジャーナリストは日常的には遺体や損傷した人体を目にしない。それゆえに対策がおろそかになり、実際に現場で遭遇した際には警察官や消防士と比べても遥かに大きな衝撃を心身に受けてしまうのだ、と精神科医は解説した。

　授業の中盤、前年に日本で起きた東日本大震災のことが話題になり、日本からの唯一の参加者である私は、精神科医から「取材後、何かトラウマが残ったか？」と尋ねられた。私は少し考えてから「新幹線と軽自動車（正確には現地には軽自動車がないので、小型自動車《スモール・カー》と表現した）が今も苦手です」と正直に答えた。

正確に言うと私の場合、「新幹線」については東日本大震災ではなく、その八年前の「宮城県北部連続地震」で負ったトラウマだった。

二〇〇三年に宮城県北部を震度六強の激しい揺れが直撃したとき、私は震源地にいた。前夜、激しい揺れを感じてカメラマンと震源地に飛び込んだ直後、本震の直下型地震に襲われたのだ。

そのとき、私は町役場のロビーで現場の被害状況を伝える原稿を書いていた。突然、足元から激しい振動を伴った重低音が響いてきたかと思うと、周囲のイスや机がガタガタと揺れ出し、次の瞬間、机の上に置いていたパソコンが「バーン」という音を立てて三〇センチほど飛び上がった。私は真下からイスを思い切り蹴り上げられたような痛みを感じ、慌てて床に伏せることしかできなかった。役場の廊下に置かれていた大型キャビネットがドミノ倒しになり、なぜか鉄格子のような役場の窓が一斉に開いた。外に飛び出すと、近くの崖から巨石が転がり落ちてきて役場前の道路をふさぎ、橋は根元からひび割れて橋梁《きょうりょう》が川に落ちそうになっていた。その半日後にも再び震度六弱の直下型地震が周辺地域を襲い、体育館で取材していた私は危うく落下してきた天井パネルの下敷きになりそうになった。

それ以来、私はＪＲの主要駅などで新幹線の通過音を耳にする度に、心臓の鼓動が急激に早くなるという後遺症を患うようになった。新幹線の車体を見たり、それに乗って移動したりすることについてはまったく問題がない。でも、新幹線の通過音が発生するような場所、つまり途中駅の周辺で取材をしたり、通過駅のホームで次の新幹線を待ったりするという行為は今でもひどく苦手だ。新幹線が近づいてくる際に生じる震動や轟音が直下型地震のそれと似通っているらしく、その揺れや音を感じる度に「地震が来る」と体が自然に身構えてしまう。冷たい汗のようなものが皮膚から吹き出し、思わず腰をかがめてしまうのだ。

もう一つは「軽自動車」である。

これは恐らく、東日本大震災で受けた心の傷が影響している。震災直後、被災地で車の運転席や後部座席に閉じ込められたままの女性や子どもの遺体を何体か見た。その車種のほとんどが軽自動車だった。

軽自動車の中の遺体は、がれきの中に挟まっていたり、ガードレールに張り付いていたりする遺体に比べ、私の精神の芯を深くえぐった。がれきやガードレールに張り付いている遺体については、そこにたどり着くまでに何となく「見える」ため、それなりに意識を準備しておくことができる。でも、津波に破壊された軽自動車についてはあまりに数が多いため、ついつい身構えずに近づいてしまう。そして、突然パッと視界の中に飛び込んでくるのだ。もちろん、車の中をのぞき込んだりはしない。ちらりと視線を振った瞬間に、フロントガラスやサイドガラスに張り付いたままの遺体が視界に入ってしまうのである。

南三陸駐在として取材をしていたとき、遺体の回収にあたっていた機動隊員からも同じような体験談を聞いたことがある。震災直後に任務にあたった三〇代前半の機動隊員は「あれ以来、ベンツを見ると脇の下から汗が出てくるんです」と私に言った。

曰《いわ》く、震災数カ月後にベンツのエンジンルームから折り畳まれたような状態の女性の遺体が見つかった。ボンネットは閉じられた状態で女性の遺体がどのようにしてそのような車の狭い隙間に入り込んだのかについてはわからなかった。女性は三月一一日に行方不明になっており、だから警察としては事件ではなく、彼女を津波被害者として処理せざるを得なかった。以来、町でベンツを見掛ける度に、ボンネットの中に紛れ込んだ遺体の映像を思い出すようになった……。

私の場合、「軽自動車」の症状は常時現れるというわけではなく、忘れた頃にいつも突然やってくる。路地に停まっている軽自動車を目にした瞬間、突然鼓動が激しくなり、同時に呼吸が苦しくなる。落ち着け、ここは被災地じゃないんだ、と自分に言いきかせてみても、体の方が言うことを聞かない。そういうときには軽自動車の停まっていない方向へと道を変えるか、その道を行く以外に選択肢がなければ、深呼吸をして軽自動車から極力離れた道の端を歩くようにしている。

ジャーナリズムスクールの教室で私はそんな実例を受講生たちに話して聞かせた。

講師の精神科医は興味深そうに唇に手を当て、小さく何度か頷いた後で「危険地帯で取材経験のあるジャーナリストであれば、多かれ少なかれそのような症状を持っている」と私を診断するように低い声で言った。

「それよりも大切なことは、本人がそれをどこまで自覚し、その症状を正しく取り扱えているかどうかです。取材中は誰もが一定の興奮状態にあるので、ほとんどのジャーナリストが症状を無意識のうちに抑え込むことができる。問題は帰任後だ。多くの『患者』が個人でそれらの症状を軽減しようとするあまりにアルコールやドラッグを常用し、状況がさらに悪い方向に進んでしまう。その心理的トラウマを本人や周囲が協力してどのようにして軽減させればいいのか。それがこの講義の中心です」

精神科医は講義のなかで、危険地帯に向かうジャーナリスト本人はもちろん、多くのジャーナリストを抱える報道機関にこそ、もっと真剣にＰＴＳＤに関する知識を習得する必要があり、そのサポート態勢を大幅に改善していく責任があると訴えた。危険地帯で働くジャーナリストには身体的、精神的な負担から自らを守る訓練を受ける権利があり、監督責任のある報道機関には彼らをＰＴＳＤから保護するために、彼らに適切なサポートや警告を与える義務がある、というのがその主張の骨子でもあった。

ホワイトボードに例示されたり、配布冊子のなかで紹介されたりしていた注意点には、今後の取材に参考になりそうな項目が含まれていた。少し長いが、将来ジャーナリストを志望する若手のためにもここに要点を書き出しておこうと思う。

【ジャーナリストが実施すべきこと】

▽派遣の要請を受ける前に、危険地帯で仕事をする上でのメリットとデメリットを明確にしろ。自分や家族にもたらされるリスクは？　エディターや社会に君を印象づけたいという野心は？　要請を受けると決めたら、最終的な目的を定めろ。目的を明確化させておくことは仕事に自信や達成感をもたらし、撤退の時期を決める際の大きな判断材料になる。

▽事前にメンタルヘルスの訓練を受けろ。突然大きなトラウマを経験すると、復帰後、燃え尽き症候群になったり、アルコールやドラッグに極度に依存しがちな体質になったりする。専門家と相談し、現地で精神を正常に保てるようなメンタルヘルスの計画を作れ。

▽残される家族への対策を忘れるな。保険について十分な話し合いをしておけ。殺害されたり、怪我を負って障害が残ったりしたとき、企業や保険はどれくらいの費用を支払ってくれるのか。そして可能な限り、家族とエディターが事前に面会できる機会を作れ。万一のことがあったときに誰とコンタクトを取ればいいのかが明確になり、双方に安心感が生まれる。

▽現場では心身をできるだけ柔らかく保て。笑える理由を探せ。準備していたメンタルヘルスの計画を実行しろ。チェックすべきサインには次のようなものがある。〈食事や睡眠はよく取れているか〉〈適度な運動はできているか〉〈アルコールを飲みすぎていないか〉〈同じ夢を何度も見ないか〉〈物事に集中できなくなっていないか〉〈予期せぬことを突然始めたりしていないか〉……。休息を挟め。数分、数時間、数日の休息が君を強烈なストレスから守ってくれる。

▽帰任直後が最も精神的に傷を負いやすい時期だ。目的を失う「空白の時間」が生じる。危険地帯で君の心身は大きく変わっているが、周囲は君が思っているほど変化していない。経験者の多くが次のような「違和感」に苛《さいな》まれている。〈危険地帯で起きている現実に関して冷めたように見える人々への失望感〉〈平和的で文化的な物事に興味を示す家族や友人へのいらだち〉〈物があふれている日常に対する不満〉〈君なしで生活を続けてきた家族のなかで感じる疎外感〉……。しばらくの間、パートナーとセックスをすることは難しいかもしれない。多くの専門家が、帰任後すぐに元の生活場所に戻るのではなく、数日間時間を作って、自分が何を見たのか、何を考えたのかなどについて、もう一度反芻《はんすう》し直す時間を持つべきだと勧めている。君の話をしっかりと聞いてくれる家族や友人との時間を確保し、専門家に症状の解決策を相談することが、君を本来の仕事に復帰させてくれる最良の方法だ。

【報道機関が取り組むべきこと】

▽派遣するジャーナリストの特性を理解しろ。個人の特性によって影響の受け方が大きく変わってくる。ストレスやトラウマの扱い方を知っている「経験者」は影響を受けにくい一方、個人的な問題を抱えているジャーナリスト——例えば離婚や複雑な相続の当事者など——は現場でひときわ強い影響を受ける可能性がある。

▽エディターやエディター代理は二四時間、危険地帯にいるジャーナリストやその家族と連絡が取れるようにしておけ。ジャーナリストが危険な任務に従事しているときほど、メールや電話でアドバイスや社会に与えているインパクトなどを頻繁に伝えろ。大事なことは、繰り返し褒めることだ。「編集局とつながっているんだ」と実感させることが彼らの心理的な孤立を防げる。

▽最低一人はエディターを現地に派遣しろ。現場は多かれ少なかれ編集局に不満を抱いている。エディターの派遣は双方のコミュニケーションを向上させるし、編集フロアに「現実感」という大きなメリットをもたらす。

▽帰任後は対話の機会を設定し、何がうまくいき、何がうまくいかなかったのかをしっかりと聞き出せ。今後の取材態勢のためだけでなく、帰任者がどれほどのトラウマを抱えているかを客観的に判断する機会でもある。影響を受けているジャーナ

リストは何かしらのサインを示す。疲労感、いらいらした感じ、笑い、が典型的な三つの兆候だ。個人的なカウンセリングを提供できることを説明しろ。強要すべきではないが、たとえ答えがノーであっても、数週間後に再びそれらを打診しろ。
▽帰任者にはギアを落とすための軽めの仕事を作れ。危険な任務のあとの「失望」は、どんなジャーナリストにも現れる。それらは一時的にアルコールやドラッグへの依存、無気力などを生み出すが、軽めの仕事を続けることで好転する場合が多い。危険地帯で共に活動した仲間たちと再会できるような記者会見を頼むのも一つの方法だ。

【家族やパートナーが気をつけること】
▽ジャーナリストたちの大きな心的負担の一つが、残してきた家族やパートナーに対する心配や罪悪感だ。家族やパートナーの努力や行為によってジャーナリストたちの心的負担も軽減することが多い。ある配偶者は夫にばかげたジョークをメールで送っていた。犬の写真を毎日送っていた家族もいる。それらの「交信」は双方の力や助けになる。
▽派遣中には家族やパートナーにも大きな精神的な負担が加わる。定期的に運動をし、規則正しい食事を取るように努めること。日々感じている不安を信頼できる友

人や同僚に打ち明け、抱えている不安を軽減させる努力を。適度のアルコールが有効なときもある。周囲に適当な人物がいなければ、公的なサポートを利用してもいい。

▽任務が終わって自宅に帰ってくるときが実は一番難しい時期だ。ジャーナリストたちが大きな失望感に苛まれる。静けさを保ち、彼らの話をたくさん聞いてあげることが、家族やパートナーにできる最大のことだ。以下は「してはいけない」こと。〈感情を掘り下げて聞く〉〈こちらからたくさんしゃべりかける〉〈「あなたの気持ちがわかるわ」などと言う〉〈尋問する〉〈自分自身の経験をぶつける〉〈不適切なユーモアを使う。例えば「死ぬほど面白いわね」など〉……。難しさを感じたら、家族で専門家の助けを仰ぐのもいい。

## 危険地帯へと向かわせるもの

最終日は紛争地域や災害地域で暴徒に襲われた際の「護身術」に関する講義だった。アメリカを含む諸外国では、「災害地域におけるリスク」の一つに必ず「暴徒化した群衆に襲われる危険」が含まれているらしく、護身術は主に女性ジャーナリストを対象にした訓練だったが、係員に「男性でも十分参考になるから」と勧められ、私も授業に参加することにした。

マンハッタンの中心部にあるマットが敷き詰められた柔道場で講師から基本動作の説明を受けた後、参加者たちは分厚いプロテクターで身を包んだ数人のインストラクターを相手に、敵対者の攻撃を素早くかわしたり、即座に反撃したりする練習を繰り返した。パンチや蹴りでは相手に致命的なダメージを与えることは難しいため、動作をできる限り小さくして素早く相手の懐に潜り込み、いかに効果的に相手の眼球を突けるか、そしてすかさず股間に膝蹴りを入れられるか、というのがその護身術の要点だった。敵対者が背後から襲ってきた場合には、両腕を相手に押さえ込まれないよう素早く両手を顔の位置まで上げ、振り向きざまに相手の股間を痛打する。その際、次の動作として最も大切なことは「相手の睾丸《こうがん》をどこまで確実に握りつぶせるか」ということらしかった。

「皆さんは大人の女性ですからよくご存じだと思いますが」と女性インストラクターは真剣な表情で参加者に言った。「男性の睾丸は股間のかなり奥の方についています。ペニスを殴打してもあまり効果はありません。股間の奥に手をのばし、急所である睾丸を握りつぶすのです」

参加者たちはインストラクターを相手に丸一日反撃の練習を繰り返した。はじめは半ば照れながらインストラクターの股間に蹴りを入れていた女性ジャーナリストたちも、夕方になるころにはかなり素早く、そして力強く反撃ができるようになっていた。

もちろん、敵対者が銃や刃物などの武器を持っているような場合、これらの護身術は役に立たない。災害地域や紛争地域で危険に遭遇した場合には、何より「逃げる」ということが最大の「防御法」であり、護身術はどうしても逃げられない状況における「最後の手段」であることがインストラクターによって執拗に強調された。

もう一つ、女性の参加者に対しては、実際にレイプされそうになったときにどのように対処すればいいのか、その回避法についてもいくつかの実例が示された。力の差でどうしても抵抗ができない場合、「自分はエイズだ」と怒鳴ったり、「私は妊娠している」と叫んだりするというのがそれらの方法の一つであるらしく、私はいささか衝撃を受けた。説明してくれた女性インストラクターによると、レイプをしようとしている男の何割かがそれらの言葉によって行為を中断したという実例があるのだという。

股間を蹴り上げる防御法にしても、レイプされそうになった際の対処法にしても、いざというときにどこまで効果があるのかについては、私には正直わからなかった。しかし、ジャーナリズムの世界には実際にそのような危険性や困難が待ち受けているのだ、ということをしっかりと認識させることがこのプログラムの主眼の一つでもあるとするならば、これらの護身術の訓練もまた、決して意味のないものではないのかもしれないと私は思った。

その頃、ニューヨーク・タイムズに掲載された一編の記事の内容が話題になっていた。

近年、危険地帯で死亡したり、監禁されたりするジャーナリストが急増しているという記事で、あるNPO団体の統計によると、二〇一二年に世界各地で取材中に死亡したジャーナリストは七〇人。テロ組織や政府によって監禁されたジャーナリストは約二三〇人に上っていて、これは団体が記録を取り始めた一九九〇年以降で最も高い数値であり、早急な対策が必要だとその記事は訴えていた。

なぜ多くのジャーナリストたちが自らの命を危険にさらしてまで、それらの場所へと飛び込んでいくのか。アメリカでの生活を通じて、私はその真の理由をおぼろげながら理解できるようになっていた。紛争地帯で何が起きているのか、その真実を伝えたいという熱意や使命感はもちろんあるだろう。でもその一方で、本当の理由は実はもっと深く、見えにくいところにあるように私には思えた。彼らは——あるいは我々は——メディアを取り巻く環境の変化によって、必然的にそれらの場所へと押しやられているのではないか、と。

印刷物としての新聞は比較的近い未来に消滅する運命にあるとアメリカでは常識的に考えられていた。それではその後、ジャーナリストたちはどのように生き残っていくのか。

大きな選択肢は二つあった。一つは卓越した専門性を身につけて、その優越性を武器にテレビやインターネットの分野で生き残っていくことだ。もう一つは、人の行かない

（あるいは行けない）場所に潜入し、一般人では知ることのできない現実を伝えるといった、ある意味で危険を伴う選択肢である。

「ソーシャル・ネットワーキング・サービス」（ＳＮＳ）の出現により、メディアを取り巻く環境は劇的に変わった。「誰もが容易に情報を入手することができるようになった」という利便性よりも、「誰もが情報を簡単に発信できるようになった」という双方向の発信性の方がジャーナリストにとっては遥かに脅威だった。それまでであれば、当事者に聞いた話を原稿にまとめ、メディアを通して伝達することで社会の「パイプ」役を果たせていたジャーナリズムは、当事者本人が直接ソーシャルメディアで情報を全世界の人々に届けることができるようになった瞬間に、それまで担っていた「仲介者」としての役割を失った。それまでメディアが独占していた評論や批判の分野にも誰もが気軽に参加できるようになり、やがて量だけでなく質においてもメディアの「商品」を凌《りょう》駕《が》する「コンテンツ」が現れ始めた。

　極め付きは「アルゴリズム」の登場だった。アメリカで今、一部の記事をライターではなく、すでに「アルゴリズム」と呼ばれる手順を用いてコンピューターが執筆している。電子配信されるスポーツの試合結果や不動産情報、企業の収支や決算といった情報をプログラムが自動的に取り込んで、定型の新聞記事へと書き換えていく。そんな記事が一日数万本も、編集者の手を経ることなしに読者の元へと届けられているのだ。

結果、新聞広告収入が五割というスケールで激減する中で、全米各紙は競うようにして記者のリストラに乗り出していた。過去一〇年間で全米の二五％の記者が職を失ったのに加え、今ある約一三〇〇の新聞のうち、十数年後に生き残っているのは「ウォール・ストリート・ジャーナル」「ニューヨーク・タイムズ」「ワシントン・ポスト」「USAトゥデイ」の四紙しかないのではないかという大学の調査も発表されていた。

一般人でも書いたり撮ったりできる記事や写真ならもう求められない——アメリカ滞在中に出会ったジャーナリストたちは誰もがそう強く信じていたし、より商品価値のある記事が書ける場所へと自分を追い込む必要性を公言していた。

そしてそれは皮肉にも、ジャーナリズム全体から見れば「良いこと」だった。

今後も縮小し続けるメディア業界で生き残ろうとするならば、政府や企業といった閉じられた組織の中に入り込み、その組織に同化することなく内部情報を継続的に開示し続けるか、一般人が入り込むことが難しい戦場や紛争地帯といった空間に潜入し、そこに広がる光景を卓越したエピソードによって語るかのどちらかしかない。競争の激化によって記事や番組の質は向上し、ジャーナリズムが本来のあるべき姿に向かうことは確実であるように思われた。何より本当の意味での「情報」はインターネットでは入手できない、それらは時間的・身体的な代償なしには決して手に入れられないものなのだという真理こそが、職業記者の必要性が今後も絶対に消失しないことの証明でもあり、社会的な担保にもなるはずだった。

その一方で、それらを忠実に実行しようとすればするほど、多くのジャーナリストたちが戦場や災害地に飛び込んで、命を落とし続けることにつながっていく。無数の「死」の中に飛び込んでいくことが、ジャーナリストとしての「生」を得るための唯一の方法なのだとしたら――。

## ジャーナリズムとは何か

最後の講義は参加者全員によるフリーディスカッションだった。

カナダ人記者が提案した、報道機関がフリーランスジャーナリストの身分をどこまで保障すべきか、という契約関連の議論が一通り終わった後で、私は思い切って震災後に自分の中で意見をまとめきれないでいた「遺体の写真をメディアに掲載すべきか」というテーマを提案してみた。

新聞社に入社して以来、私は国内の新聞が遺体の写真を掲載しないことに一切疑問を抱かずにきた。事故や災害に巻き込まれたというだけで変わり果てた姿を紙面に掲載される故人や遺族の無念さは計り知れないと考えていたし、情報の受け手である読者にとっても、平和な朝食のテーブルであえて凄惨な写真を子どもには見せたくないと考える家庭がほとんどだろうと想像していた。

ところが、被災地勤務を終えて東京であるシンポジウムにパネリストとして参加したとき、会場から「新聞が遺体の写真を掲載しないのはなぜか」という想定していなかった質問を受けた。同じくパネリストとして出席していた新聞社の編集局長が、私が考えていたことと同じような趣旨で報道機関としての見解を説明すると、会場に詰めかけていた聴講者の八割は「載せるべきではない」という意見に賛同したものの、少なくない数の人が「載せるべきだ」という意見に挙手をした。同じ質問をインターネット動画の番組で視聴者に問い掛けてみたところ、「載せるべきだ」という回答が五割に達し、「わからない」と答えた視聴者も三割近くいた。画面には「新聞は事実を伝えていない」という視聴者からのコメントが流れ、放送後には「遺体を見ることもまた、同じ日本人として痛みを共有するということなのではないか」という意見のメールが私のもとに寄せられた。

驚くことに、コロンビア大学のプログラムでは、参加者たちのほぼ全員が「原則として掲載すべきだ」という意見で一致していた。「事実を伝えることがジャーナリズムの役割であり、それを送り手側が意図的に操作すべきではない」というのが彼らの大まかな根拠だった。インターネットや写真集であれば、悲惨な映像を見るかどうかについて閲覧者側が選択できるし、新聞やテレビの場合であっても、事前に読者や視聴者に警告を発する（新聞では中面に遺体の写真を載せ、フロント面に「悲惨な写真が含まれています」という説明を掲載する。テレビであれば事前に「数秒後に遺体の映像が流れます」という警告を挿入する）ことでそれらの懸念を排除できる、と参加者の一人は極めて模範的に意見を述べた。

「受け手側の問題はそれでなんとかクリアできるかもしれません」と私はあえて彼らの意見に反論してみた。「でもその一方で、残虐な遺体の写真を掲載される側、つまり犠牲者や遺族の苦しみについて、メディアは無視することができるのでしょうか？」

「君が言いたいことはわからなくもない」とプログラムを主宰する担当教官が私の反論を引き受けて言った。「でも、私の目から見ると、君の意見は若干、『取材される側』に肩入れしすぎているように見える。ジャーナリストの使命はこの世界で今起きている現実を広く知らしめ、社会に変革を訴えることだ。伝えなければ、変わらないし、何も変わらなければ、誰も救えない――」

「でも、例えば――」と私はあえて担当教官の発言に食い下がった。「目の前に横たわっている遺体が自分の肉親や親しい人たちであった場合、私たちは写真を撮りたいと願い出ている同僚の要望を素直に受け入れることができるでしょうか？」

「その案件に限って言えば、そのジャーナリストはその事案を取材するには適切ではない」と担当教官は言った。「そのような状況であれば、撮影者は当事者の同僚ということになり、中立性を保つのが難しい。よほどの理由がない限り、現場には派遣しないし、写真を撮っても使われないかもしれない」

担当教官は意図的に会話の間に一呼吸置いて、私の熱を冷ますように言った。

「君は多分にジャーナリズムというものを勘違いしていないだろうか。例えば、ちょっと古典的な議論になるが、紛争地の現場で救いを求めている人がいるとしよう。そのとき、君はその人々を助けるために無闇に現場に走り込むのではないだろうか？　『その場で数人を助けるよりも、事実を広く伝えることの方がより多くの人命を救うことができる』というジャーナリズムの原則を十分理解していたとしても」

「ケース・バイ・ケースだと思う」と私は即座に担当教官の質問に答えた。「私の場合、その場になってみないとわかりません。カメラを捨てて助けるかもしれないし、そのまま取材を続けるかもしれない……」

「では、こういう状況ではどうだろう？」と担当教官はさらに続けた。「テロリストたちが村の子どもたちに銃を向けている。君はその集落に滞在した経験があり、彼らに親しみを感じている。君の足元には銃がある。君は銃を取って戦うか？」

「有り得ない」とカナダの報道機関に勤務するベテランジャーナリストが笑いながら口を挟んだ。担当教官は頷きながら、私に向かって回答を求めた。私は数秒考えてから、「わからない」と正直に答えた。冷やかしの口笛が教室に響いた。

「わからない、というのはどういう意味か」と担当教官は露骨に表情を歪めて言った。「質問の意味がわからないという意味なのか。それとも、君は銃を握ってテロリストたちを撃つつもりなのか？」

私はその質問には答えなかった。答えられないというよりも、答えたくないというのが正直な心境だった。質問の設定があまりにもエキセントリックすぎる、そんな特殊な状況下での判断を、この場でどこまで議論する必要があるのだろうか——。

屈辱にも似た感情のなかで、でも私はそのとき、心のどこかで確かに南三陸町の人たちのことを考えていたような気がする。たとえそれが南三陸町ではなかったとしても、もし私が取材で深く関わった地域が突然テロリストに襲われたとしたら、私は一体どうするだろう？　銃を握って襲撃者たちと対峙《たいじ》するのか、それとも「ジャーナリストである」という理由を盾に、親しい人たちが撃たれて死んでいくのをデジタルカメラで録画するだろうか？

「絶対に撃ってはいけない」と担当教官は厳しい口調で参加者全員に告げた。「ジャーナリストは銃を手にしてはならない。ジャーナリズムには現場に介入したり、人を殺《あや》めたりする権利は存在し得ない。もう一度聞く。君はそれでも銃を拾うか？」

「もし、仮に——」と私は激しく混乱しながらも、あえて一定の条件をつけて質問に答えた。「私がその現場の村を長く取材し、人々を家族のように思うことができるようになっていたとしたら、私はジャーナリストの身分を捨てるかもしれない。たとえ私が撃たれるかもしれないとしても、私しか子どもたちを守れる大人がいないのであれば。それが私という人間だし、私は日本人だから……」

私は本来使う必要のない「日本人」という言葉を口にしてしまい顔から火が出るほど恥ずかしかったが、それらを釈明するための言葉がすぐには浮かばず、長い沈黙を残してしまった。私自身、それらの状況下で日本人の多くが銃を拾って撃つとは考えていなかったし、それらの行為が日本人的であるとも思えなかった。教室の隅で笑い声がこだまし、「日本人は凄《すご》いな」というささやき声が聞こえるなかで、私は自分の浅はかさに恥じ入ると同時に、一方で、でもそれはそれでいいのではないか、自分は決して間違ってはいないのではないか、と開き直りに近いような感情を心のどこかに宿していた。

目の前で助けを求めている人々を救えずに、一体誰を救うというのだ？　親密な関係を築けた人を見殺しにするのが「ジャーナリズム」ならば、本当にこの世に「ジャーナリズム」が存在する価値などあるのだろうか――。

担当教官は議論を締めくくるように私に言った。

「私はあなたのような人間が嫌いではないが、ジャーナリストとしては中立という点において多分に問題を抱えていると思う。それらの問題点に気づけたことを含めて、このプログラムはあなたに大きな転機をもたらすことになるだろう。あなたのジャーナリストとしての将来に期待している」

講義では最後に参加者全員でアドレスを交換し、握手を交わして笑顔で別れた。授業の内容はすぐに自分の中で過去になったが、最後に交わしたフリーディスカッションの内容だけは、私の心にカミソリで引いたような細くて深い傷を長く残した。

# 第一一章

# 最後の写真

## 帰国報告会

米国留学から帰国すると、私は東京本社の国際報道部における内勤業務の合間を縫ってかつての勤務地である東北の被災地へと頻繁に通った。南三陸町の仮設住宅を回り、お世話になった方々にお礼と留学の報告を続けた。フリースクール「創る村」の不登校児たちや取材拠点を置いていた南三陸ホテル観洋のスタッフたち、戸倉小学校の教師たちや佐藤夏美、見違えるほど大きくなったリサトを抱いたエリカなど、行く先々で懐かしい面々が変わらぬ笑顔で出迎えてくれた。

挨拶回りが一通り終わった頃、駐在時代の記者仲間たちが南三陸町からほど近い追分《おいわけ》温泉で私の帰国歓迎会を開いてくれた。ふてぶてしい面々が久しぶりに集い、馬鹿話に花を咲かせた。

「おお、そうだ」と宴会の途中で写真好きの仙台放送の小松基広が酒に酔って言った。

「三浦、ニューヨークで撮った写真を見せてくれよ。みんなで品評会をしようじゃないか」

「えっ、マジで?」と私はおどけてその場を流そうとしたが、「そうだ、そうだ」と記者仲間たちの意地悪な声に押されて、仕方なくパソコンを取り出してニューヨーク留学の報告をすることにした。実はあらかじめこうなることも予測してポートフォリオを準備していた。私には写真を見てもらいたい人がいた。

「よし、俺が講評してやろう」と私が写真を準備している間、河北新報の渡辺龍が身を乗り出すようにして言った。「どこまでうまくなっているかな。なんだかワクワクしてくるな」

小太りの男が細い目をさらに細くして笑っていた。

## 写真学校

ニューヨークでの留学生活は確かに刺激的ではあったものの、その直前まで被災地で勤務をしていた私にとってはやはり、精神の芯を抜き取られたような、どこか空虚さを感じさせる日々でもあった。それはきっと私が籍を置いていた大学という場所に原因があったのだと思う。そこは人生の中でも「自分のため」だけに時間を使える極めて貴重な場所であり、「誰かのため」に全力を尽くすことを求められていた被災地とはあまりにかけ離れた空間だったからだ。私は大学院でジャーナリズムを勉強したり、英語の個人レッスンを受けたりしながら、この留学生活で何かもう一つ、今後被災地の取材で役立つような技術を身につけたいと思うようになっていった。

私が選んだのは写真の専門学校だった。

マンハッタンの六番街には戦場カメラマン、ロバート・キャパの弟であるコーネル・キャパが設立した「国際写真センター」があり、私が訪れたときにはキャパの親友で著名な戦場カメラマンでもあるデビッド・シーモアの特別展示が開催されていた。チケットを買って館内に入り、戦時下のスペインの民衆を写した有名な写真の前でキュレーターと立ち話をしていると、突然、「興味があるなら、フォトグラフィーを学んでみないか」と講座への参加を持ちかけられた。国際写真センターには写真の専門学校が併設されており、プロの写真家を育成する正規コースの他にも社会人に門戸を開いた夜間コースがあるという。私は彼から夜間コースの申請書を受け取ると、翌朝すぐにセンターの事務局で入学の手続きを取った。

フォトグラファーになりたかったわけでも、フォトグラフィーを勉強したいと思ったわけでもなかった。

私にはただ、「近づきたい」と憧れたカメラマンがいた。

## D40

河北新報のカメラマン・渡辺龍と出会ったのは、がれきだらけの防災対策庁舎の前だった。

南三陸町に赴任してまだ間もない土曜日の朝だった。優しい目をした小太り男が日の出をバックに骨組みだけになった防災対策庁舎の写真を撮影していた。年齢は私と同じ三〇代の半ばに見えた。二人ともオレンジ色のアウトドア・ジャケットを着ていた——万一津波や土砂崩れに飲み込まれたとき、最も発見されやすいライフジャケットの色だ。

地元紙の河北新報がこの地に地方支局を置いていることは赴任前から知っていた。私は目の前でカメラを構えている男がその一人支局長ではないかと思ったが、彼が持っているカメラの機種を見て、あるいは人違いかもしれないと思い直した。

彼のカメラがニコン製のD40だったからである。

D40は小型で軽く、どちらかというと女性やアマチュアカメラマンに人気の機種だった。河北新報の駐在記者は仙台本社ではカメラマンだったと聞かされていたし（河北新報は沿岸部の四季の写真を狙うため、戦略的にカメラマン経験者を志津川支局に配置していた）、プロの報道カメラマンならニコンのD2XやD大型フルリイズのD3を使うはずだ。彼はそのＤ40に薄型の単焦点レンズを着けて撮影していた。

　最初に声を掛けてきたのは渡辺の方からだった。

「朝日新聞の方ですか？」

「あっ、そうです」と私は慌てて頭を下げた。

「河北新報の記者で渡辺龍と申します。志津川支局で仕事をしています。支局って言っても、管内には俺一人しかいないし、局舎も津波で流されちゃったんですけど……」と渡辺はいかにも人懐っこそうな笑顔で言った。「朝日新聞が南三陸町に臨時支局を構えたということは、先日、町長から聞きました。カメラを見て、もしかしたらその記者の方かな、と」

「あっ、これっ」と私は慌てて自分のカメラに目をやった。私は当時、渡辺のカメラよりも一回り大きいニコン製のＤ３００を使用していた。中古で一〇万円ほどのアマチュアモデルで報道カメラマン用ではないものの、現場の新聞記者がよく使うモデルだった。私も彼と同じくそのカメラに明るい単焦点レンズを装着していた。

「写真、お好きなんですね」と渡辺は嬉しそうに会話を続けた。「単焦点レンズを着けてる。いいですねえ。俺、一応、仙台の本社時代はカメラマンだったんです。今は田舎の支局勤務ですけれど……」

「でも、珍しいですね」と私もカメラをネタに話を続けた。「Ｄ40を使っている。カメラマンだったら大型のフルサイズとか使いそうですけど」

「ああ、これ」と渡辺はことさら嬉しそうな表情になって言った。「いいでしょ？　D40って使いやすいんですよ。まあ、この通り小さいし軽いし。だからずっと持ち歩いていても疲れない。被災地の取材って一日歩きっぱなしじゃないですか。それに、これ、小さいから、カメラを向けられても全然威圧的じゃないでしょ？　フルサイズの大きなカメラを向けられると、この町の人はみんな緊張しちゃうんですよ。津波で家族を亡くした人なんかもたくさんいるし……」

面白い記者だな、と私は思った。一部の報道記者にありがちな、相手に妙にへりくだったり、物事をどこか斜に構えて見たりするようなところが微塵も感じられない。これまで被災地で出会った多くの報道カメラマンは、自らが持っている「武器」としてのカメラの大きさや性能を誇示し、写真を「撮る」というよりは「獲る」と表現した方がいいような、欧米的なスタイルの人がほとんどだった。「相手に与える負担が少ない」という彼の理由は理論的には確かにその通りかもしれなかったが、果たしてその弱い「武器」でカメラマンとして新聞紙面に場所を確保できるだけの写真を本当に撮れるのか。そんなカメラマンに出会ったのは、私が学生時代にバックパッカーとして南アジアを放浪していたときに古いカメラに五〇ミリの単焦点レンズだけをつけて現地の人々を撮影していた美大生以来だった。

歴史の目撃者

その日から、私と渡辺は毎日のように町のどこかで顔を合わせることになった。もともと小さな自治体である南三陸町では津波で多くの建物が流失しており、人が集まる場所に取材に行こうとすると、避難所だったり仮設の町役場だったり、行ける場所が極めて限られてしまうのだ。

当時の心境を素直に記せば、渡辺は競合を余儀なくされる同業者としては非常にやりづらい相手だった。彼は大学時代から写真部に籍を置いて経験を積み重ねてきたプロの報道カメラマンであり、写真の腕では敵うはずもない。せめて記事では彼よりも優れたものを書きたいと思っても、彼は震災前から家族と一緒に南三陸町で暮らしており、町に関する知識も、町民の間に張り巡らされたネットワークも、震災後に東京から赴任してきた私とは比べものにならないのである。

何より、渡辺は震災直後、南三陸町が津波に飲み込まれていく様子を自らの手で撮影し、その惨状を最初に伝えた「伝説のカメラマン」として知られていた。

彼のルポルタージュは震災の翌日（三月一二日）、朝刊社会面の実に半分を使い、電波が悪くて写真が送信できなかったため、原稿だけの記事として掲載されていた。

巨大な津波が、船を、車を、住宅をのみ込んだ。街が消えた。家々がなすすべもなく燃え続けた。

（中略）宮城県南三陸町の高台にある志津川高に避難した。海と街を見た。

午後三時三五分ごろ、海の奥が白く波立ち、遠くで大型の漁船が流された。直後だ。町の中心部を南北に貫く新井田川《にいだがわ》沿いで、土煙が上がった。川を逆流した津波が、住宅を押しつぶした土煙だ。

堤防を乗り越えた津波が、川沿いの建物を次々と襲った。瞬く間に五〇～六〇軒がなぎ倒された。

周囲には避難住民約二〇〇人がいた。若い女性二人が抱きつき、泣きだした。あちこちから「キャー」という悲鳴が上がる。「なんで、どうして」。あまりの光景に、言葉がつながらない。

新井田川からあふれた津波と、海から押し寄せた津波が一つと化し、町を西へ向かった。津波の高さは二階建ての町役場より高い。一〇メートル以上はあった。三棟ある町役場のうち木造二棟を押し流し、鉄筋コンクリートの防災庁舎ものみ込んだ。

防災庁舎の屋上には、避難した職員とみられる三〇人ほどの姿があった。津波が屋上をたたいた。しばらく立ちこめる水煙。数分後、屋上が見えた。そこにいたのは一〇人ほどになっていた。

防災庁舎の屋上にある高さ五メートルほどの無線アンテナによじ登り、津波を逃れた人もいた。

津波は、海岸線から約二キロ離れた志津川高がある山の麓まで達した。山にぶつかってさらに北に向かった。

町から建物の姿は、ほぼ消えていた。

（志津川支局・渡辺龍）

〈二〇一一年三月一二日付、河北新報朝刊〉

## 「鈍臭い」記者

そんな輝かしい実績の一方で、実際の「伝説のカメラマン」はと言えば、人並み外れて「鈍臭い」記者だった。避難所となっている体育館でも、献花の列ができている防災対策庁舎の前でも、渡辺はほとんど質問をしない。カメラマン出身なのに、写真さえ撮らない。ずっと被災者の側にいて、ただ彼らの話を聞いているだけなのである。

優れたルポルタージュの書き手の中には、取材の初期段階においてペンもカメラも一切持たずに対象者の行為をひたすらに凝視し続けるライターがいる。それは記録するよりもまず見ることを優先し、自分が何を書くべきか、そのテーマや作品の構成を見定めているのだと何かの本で読んだことがあったが、渡辺の場合はたぶん、それらのケースには当てはまらなかった。渡辺はただ被災者のそばにいて、被災者の話に心震わせ、一緒に涙ぐんでいるだけなのだ。彼がそこに何か特別な意味や意図を見いだしているようには思えなかった。渡辺はただ「鈍臭く」て、ただ「悲しく」て、ただその場で「泣いている」だけなのである。そして最後に——まるで何かを思い出したかのように——写真を数枚撮影していた。遠くの方からパチリ、パチリと。それがどれほど町民に慕われ、愛される行為だったか——。

互いの取材対象者が重なってしまったときや町長会見などでは大抵、私が質問役に回り、渡辺はいつも隣で私の質問に頷いているだけだった。

「三浦がいると助かるよ。質問が鋭いからなあ」

彼はそう言って、いつも心から嬉しそうに笑うのだ。

## ウーロン茶の告白

性格や仕事のスタイルは真逆だったが、趣味や私生活といった面に限れば、私と渡辺はどこか似ていた。年齢も家族構成もほぼ同じで、お互い写真とロバート・キャパを愛していた。壊れかけた外国製の中古車に乗り（私は中古のチェロキーに、彼は年季の入ったプジョーに乗っていた）、いつも多額の修理費に悩まされていた。

毎日顔を合わせるうちに、我々は気が付くと親友のようになっていた。取材の帰りにはよく、民家で営業を再開させたばかりの居酒屋に誘い合って二人で出掛けた。話のつまみは大抵、紙面に掲載されたお互いの記事の批評だったが（どちらの写真の構図がいいとか、どちらの原稿がより被災地の現状を伝えられているかなど）、一度だけ渡辺から震災当日の話を聞いたことがあった。

その日は戸倉小学校での取材の帰り道で、お互いにすぐには取材拠点に戻る気にはなれなかったため、いつものようにプレハブ造りの居酒屋に立ち寄ってアルコール抜きの夕食を取ることにした。本当はビールで気分を紛らわせたかったが、まだ町内には営業を再開したタクシーはなく、二人とも仕方なくウーロン茶で乾杯をした。

「考えただけでも身震いするな」と私は大きく息を吐き出して戸倉小学校が見舞われた惨事を振り返った。「麻生川校長があのとき、校舎の屋上に誘導していたら、九〇人以上の子どもたちが全員亡くなっていたかもしれない。小学校だけじゃない。児童が屋上に上っているのを見たら、きっと保育所の園児も屋上に上っていたはずだ。考えただけでも恐ろしいよ」

「そうだよね」と渡辺も少し疲れたような表情で同意した。「でも、なんか俺、どうしても他人事には思えないんだよね。俺もあのとき、半分は死んじゃう可能性があったわけだし」

「震災の当日？」

「うん」と渡辺は頷いた。「未来の事なんてきっと、誰にも予想はできないんだよ」

そして渡辺はウーロン茶を飲みながら、三月一一日の出来事について話してくれた。

## 点滴と幼稚園

あの日、渡辺は南三陸町長の佐藤仁と同様、町議会の議場で三月定例会を取材していた。激しい揺れに襲われた直後、町長や町職員は災害対応に従事するため隣接する町の防災対策庁舎へと走り出したが、彼はあることを思い出し、ふと足を止めた。

「そうだ、幼稚園に息子を迎えに行かなきゃ……」

その日はたまたま妻が仙台に出掛けていた。大きな災害が起きた今、自分が幼稚園に息子を迎えに行かなければいけない。

渡辺は防災対策庁舎へと駆け込む町職員たちの流れをかき分けて息子が待つ山側の幼稚園へと向かった。幼稚園で息子を引き受けたときにはすでに町の防災無線が津波到来の危険性を警告し、町民に高台へと避難するよう呼びかけていた。彼は息子を連れて志津川高校の校庭へと避難し、そこから本来であれば自分がいただろう、三階建ての防災対策庁舎が一五メートルを超える黒い大波にのみ込まれていくのを目撃したのだ。

彼はその情景を――本当に信じられない情景だったと思う――持っていた一眼レフで撮影すると、携帯電話がつながらなかったため、約八〇キロ離れた河北新報の本社のある仙台へと息子の手を引いて歩いて向かった。途中、携帯電話のつながるところまで来てようやく本社編集部に連絡を入れ、沿岸部が津波で壊滅している状況を初めて伝えた。電波が弱く、写真を送信することまではできなかったことを、彼は後に「何のために今日までカメラマンをやってきたのか、悔しくて思わず涙が出た」と私に告白した。

「今になって色々なことを言う人がいるけれどさ」と渡辺は出てきたソーセージを楊枝《ようじ》の先でつつきながら言った。「当時を知っている人間からすればさ、あの日、自分たちの住む町にあんなに大きな津波が押し寄せてくることを予測できた人なんて、一人もいなかったと思うんだ。だから今でもよく考える。未来がどうなるのかなんて、結局誰にもわからないんだって」

私もウーロン茶を飲みながら頷いた。言いたいことは色々あったが、珍しく渡辺が饒《じょう》舌《ぜっ》なので黙って話の続きを待つことにした。

「実を言うとね、俺、二回目なんだよね」と渡辺は珍しくしんみりとした声で言った。

「俺、お嫁さんとは大学時代の写真部で知り合ったんだけれど、結婚式の直後に俺、ガンになっちゃってさ。結婚式の後、ずっと病室で寝たきりだったんだ。点滴がポトッポトッって落ちるのをずっと眺めながら、『俺のお嫁さん、可哀想《かわいそう》だなあ』って、そんなことばかり考えてた。これじゃまるで、俺に騙されたみたいだなって。お嫁さんにあまりに申し訳なくて、だから俺、お嫁さんのために生きなきゃと思った。で、結果的に生き残った。だから不思議なのさ。あの震災でもお嫁さんが仙台に行っていなくて、俺が幼稚園に迎えに行く必要がなかったら、俺は間違いなく防災対策庁舎の上にいたし、きっとかなりの確率で流されていたと思う。押し寄せてくる津波の写真を撮ろうと屋上の一番前に出ていただろうし、カメラを持ったままでは屋上のアンテナには登れないもの」

「でも、龍の話と戸倉小学校の話は次元が全然別だろう」

「いや、同じだよ」と渡辺は反論した。「結局、未来のことなんて誰にもわからないんだよ。事前に色々と対策を取っておくことはもちろん大切だ。対策を怠らなかった麻生川さんは偉いと思う。でも俺は一方で、多くの児童を死なせてしまった大川小学校の先生たちも、津波の対策を怠って原発を爆発させた電力会社も、心のどこかでは憎みきれないところがあるんだよ。未来のことなんて誰にもわからない。あの日もそうだった。

明日どうなるのかなんて、俺たちは全然わからなかったんだよ。俺もそうだったし、きっとみんなそうだった。だから……俺は『明るい写真』を撮りたいんだよ」

渡辺が突然、話の文脈とはかけ離れたことを口にしたので、私はどう言葉を返せばいいのかわからなかった。

「明るい写真？」

「そう、『明るい写真』」と渡辺は言った。「撮られた人が見返して、『ああ、いい写真だな。撮ってもらって良かったな』と思えるような写真さ」

「でも、それはジャーナリストではなくて、街の写真屋の仕事だろう」

「違うよ」と渡辺は少しムッとしたような顔になって言った。「いや、三浦が言うように、それがもし街の写真屋の仕事なら、俺は街の写真屋は立派なジャーナリストだと思うし、街の写真屋になりたいと思う」

「おいおい」と私はからかうように言った。「ロバート・キャパはどこ行った？」

そんな私に渡辺は真剣な表情を崩さずに言った。

「俺がこの仕事をやっていて時々嫌になるのはね、俺の写真が『嘘』をついているんじゃないかと思うときがあることなんだよね」

「嘘？」

「うん、嘘」と渡辺は続けた。「人間は色々な感情をごちゃ混ぜにして生きているはずなのに、俺の写真の写し方次第で——その一枚で——その人の過去が固定化されちゃう。普通の人が新聞に載る機会なんて一生に一度あるかないかの出来事でしょう？　それなのに俺が撮った一瞬がその人にとっては一生になって、周囲から『あのとき、笑ってたよね』『あのとき、怒ってたよね』とずっと言われる瞬間になる。それが俺にとってはたまらなく重く感じるときがあるんだよね」

「でもそれは嘘じゃない」

「でも真実じゃない」と渡辺は言った。「俺が言いたいのはね、結局、俺たちが今被災地で伝えているものは、俺たちメディアで働く人間にとって都合のいい『真実』なんじゃないかっていうことなんだよ。新聞の紙面を飾る感動する実話や心温まるエピソード、思わず涙が出てきそうな写真の数々。でも、現場に足を運んでみると、実際の現実はそうじゃない。どんなに素晴らしい人間だって他人に見せたくないようなねたみやひがみの感情を抱いているし、くだらないいざこざの中周囲を照らす光のような瞬間がある。笑って、怒って、怠けて、泣いて。それを一部分だけ切り抜いて伝えたところで、それはやっぱり『嘘』じゃないかと思う瞬間があって。で、どうせ『嘘』なら、俺は笑っている瞬間を撮りたい。被写体が幸せそうに写っている写真がいい。撮られた人があとで振り返って見返したときに、『ああ、良い瞬間だったな』と『よし、頑張って生きよう』と思えるような、そんな写真さ」

からないから」

「それは、未来のことなんて結局誰にもわからないからってこと？」

「うん、そうだ」と渡辺は嬉しそうに頷いて言った。「未来のことなんて結局誰にもわからないから」

## 予期できない未来

渡辺が四三歳で亡くなったのは、それから五年後の二〇一六年九月だった。

私はその頃、アフリカ特派員として南アフリカのヨハネスブルクに勤務しており、訃報は南三陸駐在時代の記者仲間である軍司曜子からＳＮＳで受け取った。

〈龍くんが大腸ガンで亡くなりました。奥さんによると数日前まで意識があって、三浦くんとの思い出を懐かしそうに話していたそうです〉

そんな短いメッセージを読んでも、なぜか涙は出てこなかった。

彼の死はあらかじめ予期されたものだったからだ。彼は私が南三陸駐在を終えて被災地を離れた翌年の二〇一三年に河北新報本社の写真部にカメラマンとして復帰したものの、その後は体調を崩して仙台市内の総合病院に入退院を繰り返していた。

二〇一五年三月に私がアフリカから一時帰国したときにはもう末期だった。私が久しぶりに南三陸町を訪問すると聞いて、渡辺はわざわざ入院中の総合病院からタクシーに乗って軍司夫妻が暮らす仮設住宅まで私に会いに来てくれた。「よう、まだ生きてるな」と私が最初に冗談を飛ばすと、「そっちこそ、三浦より先には死なないよ」と水のたまった腹に手をやってマスクの下で無理に笑った。

一年後の二〇一六年四月に私が再度一時帰国したときには、ちょうど渡辺の体調が奇跡的に持ち直していた時期だったこともあり、彼の「快気祝い」を兼ねて記者仲間みんなで恒例の追分温泉への一泊旅行に出掛けた。

男同士一緒に温泉に入った後、渡辺は旅館の一室で備え付けの大型テレビにパソコンを接続し、かつて私がニューヨークから帰国した際にやったように、私がアフリカで撮影した写真を次々と大写しにして品評会を始めた。

「随分とうまくなったなあ」と渡辺は感心しながら私の写真を記者仲間の前で講評してみせた。「南三陸にいた頃の三浦とは別人みたいだ」

「最近カメラを換えたんだ」と私はみんなの前でおどけてみせた。渡辺はもう撮影できない。そんな現実を心のどこかで打ち消したかった。

平和な一日はあっという間に過ぎ去り、私は帰り際、旅館の玄関で渡辺と彼の家族の写真を一緒に撮った。渡辺は最期の写真になるかもしれないと思ったのだろう、普段はしないような、家族にぐっと顔を近づけるような仕種をして笑顔でフレームに収まった。

別れ際、私がレンタカーに乗り込もうとすると、渡辺が私の背中を呼び止めて言った。

「三浦、勝負だ」

渡辺の声が震えているのがわかった。

「アフリカでもっと良い写真を撮れよ」

私は湿っぽくなるのが嫌で、渡辺の方を振り返らないで言った。「カメラマンはお前だろ。被災地でもっともっと良い写真撮れよ」

「俺も撮るから……」と渡辺の涙声が背後で聞こえた。「絶対に撮るから……」

## 最後の写真

渡辺が死んだのはその五カ月後だった。私は彼の死によって二つの摂理を学んだ。

一つは「未来は予測がつかない」ということ。もう一つは「光は影によってこそ形づけられる」ということだ。

モノクロームの写真が如実に物語るように、もし影というものが写真に存在しなければ、世界はまっ白になってしまう。「影」こそが像を作り上げていく素元なのだとするならば、私たちの人生における死や悲しみといった「影」もまた——。

渡辺の死後、予期せぬ出来事が一つだけ起きた。

彼の死から約二カ月が過ぎた二〇一六年一二月、私がヨハネスブルクの仕事場でいつものようにインターネットでニュースをチェックしていると、一枚の印象的な報道写真が目に飛び込んできた。

うまいな、と瞬時に思った。撮影場所はすぐにわかった。復興が進む南三陸町だ。嵩《かさ》上《あ》げ工事が進む沿岸部の風景をバックに、震災の年に生まれた二人の幼稚園児が仲良く手をつないで笑いながら歩いている。海から差し込む柔らかな光。絶妙な構図と間によって町の雰囲気や園児の気持ちが自然な描写で表現されている。

ふと、渡辺がもし生きていたら、こんな写真を撮るんだろうな、との思いがよぎった。私が普段、アフリカの現場で撮影しているような、鈍器で人の頭を殴りつけるような紛争地帯の凄惨な写真ではなく、見る人の心にすうっと染み込んでいき、そこで暮らす人々の感情や願いをひっそりと見る者に伝えてくれるような写真。

私は今後の写真の学習も兼ねてサイトのリンクをクリックし、写真に付随する一連の記事に目を通そうとした。

その瞬間だった。まったく予期し得なかった一文がパソコン画面に映し出された。

〈撮影者＝渡辺龍〉

私は目を疑った。

そこには次のような記事が添えられていた。

東北写真記者協会（河北新報社など新聞・通信二八社、放送三二社加盟）は二日、二〇一六年度の新聞、テレビ部門の協会賞と各部門賞を発表した。新聞部門協会賞は河北新報社の「未来へ　笑顔の5歳」（代表・渡辺龍記者）が選ばれた。「未来へ――」は東日本大震災が発生した一一年春に被災地で産声を上げ、健やかに成長する子どもたちの姿を紹介した写真特集。「こどもの日」の五月五日に掲載された。

宮城県南三陸町の幼稚園児を取り上げたメイン写真を担当した渡辺記者は〇九年から志津川支局（現南三陸支局）に勤務。震災で自ら被災しながら取材活動を続けた。一三年に編集局写真部に異動後も復興の歩みなどを追っていたが、今年九月に病気のため死去した。（中略）審査は作品の会社名、記者名を伏せて実施され、渡辺記者の死去についても審査員には受賞決定後に説明された（傍点著者）。

〈二〇一六年一二月三日付、河北新報朝刊〉

写真の記録を見る限り、渡辺が受賞の写真を撮影したのは私と追分温泉で別れた数日後のことらしかった。

その事実が私を激しく狼狽《ろうばい》させた。

渡辺は撮っていた。あのボロボロになった身体で、最後の力を振り絞って、自分がここで生きたんだという証《あか》しを、この世に確かに残していたのだ。

彼が最期に遺したかったもの――それは手と手を結び合って光の中で笑う、子どもたちの風景だった。彼は自らが見た凄絶な「過去」ではなく、自分が見ることのできない「未来」をフレームの中に収めたのだ。

「龍、すごいよ。お前らしい、いい写真だよ……」

そう声を掛けてあげたかったが、あまりに予想外の出来事に、私は自分の感情をうまくコントロールすることができなかった。

混乱し、狼狽し、次の瞬間、口をついて出たのは、それとは正反対の意味を含んだ、私自身もまったく意図しない悪《あ》しき言葉の連続だった。

「馬鹿野郎、馬鹿野郎、馬鹿野郎……」

大粒の涙がこぼれ落ち、私はその場で泣き伏してしまった。

東北写真記者協会・新聞部門協会賞を受賞した渡辺龍の「未来へ 笑顔の5歳」(河北新報提供)

# あとがき

本書は東日本大震災における私の個人的な取材体験を綴った「手記」である。これまでに計六冊のノンフィクション作品を発表してきたが、それらとはだいぶ趣が異なっている。他者の人生や国内外の事件に焦点を当ててたこれまでの作品とは異なり、随所に感情が乱れたり、文脈の整合性がとれなくなったりしている部分がある。でもそれこそが手記の特徴なのだろうと書き上げた今諦めている。予定調和的な人生がないように、予定調和的な手記もおそらく存在しないのだ。

そもそものきっかけは二〇一二年に『南三陸日記』を一緒に世に送り出した編集者・芝田暁からの要請だった。私がアフリカから帰国した直後、「震災一〇年に向けて『南三陸日記』では描ききれなかった、もう一つの『南三陸日記』を書いてほしい」というメールをもらい、私も同様の計画を持っていたので、一緒に福島で打ち合わせをする予定を立てていた。

しかし、面会は実現しなかった。彼もまた治療中だったがんが悪化し、五四歳で帰らぬ人となってしまったからだ。担当は同じ朝日新聞出版の松尾信吾に引き継がれ、私は

「最後の一冊を」という芝田の遺志を継ぐ形で、作品化への模索を続けた。

　文章の骨子となる部分については、震災翌年の二〇一二年にすでに個人的な記録として書き残していた。南三陸駐在を離任して米国留学へと赴いたとき、記憶が鮮明なうちにあの一年間の出来事をきちんと文章として残しておきたいという衝動に駆られ、主にコロンビア大学の中央図書館で、当時、すでに執筆を開始していた私の事実上のデビュー作『五色の虹　満州建国大学卒業生たちの戦後』（第一三回開高健ノンフィクション賞受賞作）と同時並行的に約五万字の文章をノート型パソコンに保存していた。

　芝田の死後、私は仕事の合間を縫って週末の度に仙台の自宅（借家）や福島の仕事場から南三陸町へと通い、過去の記録を作品化する作業を続けた。初稿が完成した二〇二〇年春以降は、作品に登場して頂いた方々の自宅を回ったり、メールや電話でやりとりをしたりして事実関係の確認を続けた。これまでも頻繁に交際してきた方々もいれば、震災後約九年ぶりにお会いする方々もいた。そのやりとりの中で当時の情景が再び思い出され、一緒に涙ぐんでしまうことが多々あった。その瞬間を持てたことこそが、私にとっての「震災一〇年」ではなかったかと今思う。震災から一〇年目の刊行となり、手記としてはあまりにも時間がかかりすぎてしまった感が否めないが、一方で私は最近、人がその感情を正確な言葉で書き表すことができるのは、一定程度の時間が過ぎ去った後なのではないかと考えるようになっている。事実を定型的に書き並べていく新聞記事的な文章であればともかく、物事をしっかりと受け止め、理解し、それらを正しい言葉に置き換えていくためには、一定の時間と、何より「空白」が必要なのではないだろうか——と。

最後に、本書における登場人物の一〇年後の姿をここに付記したい。

津波で施設が半壊状態になった東松島市のフリースクール「創る村」では今も成人した元不登校児たちが中心となり、高齢者のデイサービスを続けている。フリースクールを主宰していた飴屋善敏は二〇二〇年に他界したが、元不登校児たちは昔と変わらず海辺で歌を歌ったり、寸劇を披露したりしながら、地域の高齢者たちを明るく迎え入れている。

震災直後、記者たちの宿泊場所となった古旅館で一緒になった松川敦志は二〇一六年に朝日新聞を退社し、故郷の秋田魁《さきがけ》新報に移った（松川は二〇〇二年まで秋田魁に記者として勤め、朝日新聞に転職していた）。移籍後は編集委員として防衛省のミサイル迎撃システム「イージス・アショア」問題などをスクープし、日本を代表するジャーナリストの一人として活躍している。岩田清隆は東京社会部デスクや名古屋報道センター長などを歴任し、今も社の中枢にいる。「南三陸日記」の担当デスクだった山崎靖は現在、西部本社の編集局長を務めている。

津波の海から生還した後、がれきに埋もれた町役場の仮庁舎で毎日記者会見を開き続けた南三陸町長の佐藤仁はその後、二〇一三年と二〇一七年の選挙を勝ち抜き、現在四期目の任期中にある。新築された木の匂いの漂う真新しい町役場の町長室で今も、高校球児のような笑顔を振りまいている。戸倉小学校の校長として多くの児童の命を救った麻生川敦は二〇一二年に沿岸部の多賀城《たがじょう》市の教育委員会に移り、今は教育長の職にある。戸倉中学校で津波にのまれた菊田浩文は、その後も志津川中学校、歌津中学校と籍を移しながらずっと南三陸の子どもたちのそばにいる。

冒険家の風間深志は相変わらずバイクで全国を飛び回っている。南三陸町でのボランティアを終えた後、二〇一三年からは日の出と共に日本列島の東海岸からスタートして日没までに日本海の千里浜《ちりはま》（石川県）にゴールするというツーリングイベントを開催し、今や参加台数が四〇〇〇台を超える日本最大級のバイクイベントに発展している。

あの日、涙の海から生まれたリサトは、瞳のとりわけ大きな「おてんば娘」に育った。今は小学三年生でそろばんとピアノの教室に通っており、そろばんでは全国で七位、ピアノでは東北地区で最優秀賞の成績をおさめた。「南三陸日記」で取り上げられて以来、各種メディアから取材の申し込みがあるが、どこか恥ずかしがり屋なところがあり、自分からは絶対にカメラの前には立たない。

震災直後、南三陸町を共に走り回った記者仲間たちは健在だ。河北新報・渡辺龍が他界した後も、彼の命日前後にはみんなで集まって温泉に行ったり、食事会を開いたりしている。会合には渡辺の遺族も顔を出す。震災当日、彼が幼稚園に迎えに行った長男は今、父親にそっくりな高校生に成長した。数年前にはニコンD750（渡辺が使っていたD40は壊れてしまい、廃棄されていた）を持参し、「最近、写真を撮り始めたんです」と告げられたときには思わず視界が滲《にじ》みそうになった。父親に似て不器用なところもあるが、時々びっくりするようなセンシティブな写真を撮ることがあり、「将来の夢は報道カメラマンですかね。朝日新聞にするか、河北新報にするかはまだ決めていませんが」と父親そっくりの憎まれ口をきく。

駆け出し時代にお世話になった警察官の妻は、今は転居してもうかつての「自宅」にはいない。〈彼〉の息子は救急救命士になって職場を故郷・仙台へと移し、今はドクターヘリに乗って日夜、人々の命をつないでいる。

あの日、目の前で母を亡くした佐藤夏美は一児の母になった。

本書の執筆は多くの心ある人々の協力の中で進められた。編集は前述の通り朝日新聞出版の松尾信吾が担い、表紙（カバー）には親友のカメラマン・青谷建《あおたにたける》が二〇一一年に南三陸町の公立志津川病院（死亡・不明七五人）の中で撮影した女性記者の写真を使った。

渡辺龍に捧ぐ——巻頭にはそんな一文を掲げたが、それは津波が押し寄せてくるなかでシャッターを切り続けた伝説的な報道カメラマンの固有名詞であり、同時に比喩でもある。かつてあの被災地には泣きながら現場を這いずり回った数十、数百の「災害特派員」がいた。悲惨な現場を目撃し、名も無き人々の物語を必死に書き残そうとした無数の「渡辺龍」たちと、今後ジャーナリズムの現場に飛び込もうと考えているまだ見ぬ「渡辺龍」たちに、この小さな手記を贈りたい。

巻尾に、いつも陰ながら私の仕事を支えてくれている、外国の街の名を冠した妻と「稲」「絆」という名の二人の娘へ。

この瞬間が永遠に続けばいいと思うとき、いつも三人がそばにいる。

二〇二一年一月　福島県南相馬市で

三浦英之

# 文庫版あとがき

二〇二四年三月二〇日、「私たち」は東京・築地の浜離宮朝日ホールにいた。

客席数五五二席、米ニューヨークのカーネギーホールと並んで「世界で最も響きが美しいホールの一つ」とされる音楽ホールで開催された「ピアノ・ミュージックフェスティバル2023　ファイナル」。小学生、中学生、高校生、一般の各部門に分かれ、地方ブロックの予選を勝ち抜いてきたピアニストたちの全国大会の決勝だった。

私はステージを見下ろせる正面右脇の二階部分に設置された報道席に陣取り、ある少女の演奏順番を待ちわびていた。

一一番目の北陸地方代表の演奏が終わると、ステージ上の照明がわずかに暗くなり、スポットライトに照らされて、一二番目の演奏者である深紅のドレスを身に纏《まと》った少女がグランドピアノの前に立った。緊張した表情で客席に一礼した後、椅子を引いて浅く腰を掛け、鍵盤の上にそっと指を置く。

ステージの右斜め上にある報道席からは、ピアノを挟んで演奏者の表情が撮影できるようになっている。

少女は演奏の直前、小さく深呼吸し、決意したように唇を噛んだ。

そして、わずかに視線を上げたとき、私の構えている望遠レンズと目が合った。

〝頑張れ――〟

リサト、一二歳。

本作品の第七章「新しい命」に登場する、涙の海から生まれた少女である。

堰《せき》を切ったように、激しい曲調の音楽《ミュージック》が会場中に溢れ出す。

演奏曲は宮城県南三陸町近くの山間部の実家で半年間、毎日練習してきた「千本桜」。

一〇本の細い指がまるで水面を跳躍する小魚のように鍵盤の上をはじけ飛ぶ。

その指使いの激しさが、彼女が続けているある「習い事」を連想させて、私は小さくフッと笑った。彼女は幼い頃から避難所に開設されたそろばん教室に通っており、いまでは十億の数字の暗算ができる、全国上位の熟練者でもある。

思えばこの一三年間、彼女が成長する度に、私はレンズを向けてきた。

誕生の瞬間、両脚で初めて立ち上がった日、小学校の入学式……。

そしていま、数百人の観客が見守る大ホールのステージで、グランドピアノに立ち向かう「ピアニスト」がいる。その雄姿を客席から母のエリカや姉のレナが見つめている。

〝大きくなったね――〟

そう思った瞬間、いくつもの感情が胸に浮かび、涙でファインダーが見えなくなった。

東京でピアノのコンクールが開かれた九日前の二〇二四年三月一一日、東北地方の被災地は震災から一三年目の「祈念日」を迎えた。本作品『災害特派員』は震災直後、私が宮城県南三陸町で人々と一緒に生活しながら震災報道にあたった「手記」として、震災一〇年の二〇二一年二月に出版されたものである。二〇二四年一一月に集英社文庫に収められることになったが、こと宮城県や岩手県に関する状況については、それほど変わっていないと言える。一方、私はその後、海外勤務を挟んで福島の原発被災地に駐在し、いまも盛岡に拠点を置きながら福島県内の取材を続けているが、福島の原発被災地の現状については、いまだ目を覆わんばかりであると言わざるを得ない。

「何も変わっていない――」

インタビューの度に多くの人が同じセリフを口にする一方で、急激に、そして確実に変化していくものがある。

それは被災地で暮らす子どもたちの姿である。

あの日、失われたふるさとで産声を上げ、支援物資の冷たいパンをほおばりながらきの校庭を走り回っていた少年少女たちが、いまは中学生や高校生、あるいは社会人になって、被災地の復興を必死に支えている。

この地に長く根を張って震災報道を続けている職業記者として、そのめまぐるしい変化は、胸が張り裂けそうなほどに嬉しく、悲しい。喜ばしく、同時に苦しい。

彼ら彼女らが笑う明るい「いま」は、生きたくても生きられなかった人たちの「未来」であり、いまは亡き者たちのことを――「私も見たかった」という彼らの気持ちを――私はどうしても考えてしまうからである。

東京でのピアノのコンクールから約三週間が過ぎた四月上旬、「私たち」は宮城県北部の中学校の校庭にいた。

その日は中学校の入学式で、リサトは母のエリカに付き添われながら、少し大きめの制服姿で恥ずかしそうに桜の木の前に立った。

彼女が通うことになった公立中学校は山の中腹にあり、東京では散り始めていた桜が、ここではまだ色づき始めたばかりだった。リサトも新しい旅立ちに少し緊張しているのが、その表情から伝わってきた。

そんなときはいつも、震災後にガンで亡くなった河北新報のカメラマン・渡辺龍のことを思い出す。

〝あいつなら、どんなふうに撮るだろう――？〟

私はレンズを構えたまま、一〇メートル先の少女に短く声を掛けた。

「この前の東京でのコンクール、全国二位だったたね。おめでとう」

「え、ありがとうございます」と突然の質問に少女が笑った。「でも、自分としては八割ぐらいの出来だったから、もっと上手に弾けたかも」

パシャ。

カメラのモニターを見ると、若葉のような表情のリサトが写っていた。大人になる前の、凜《りん》とした少女の姿。私はその爽やかな笑顔を見て、いつかこの写真を『災害特派員』が文庫になる際の表紙に使いたいと思った。

リサトに一つ、聞いてみたいことがあった。

「あれから一三年が経ったよね。いま、震災のことについてどう思う？」

少女はハッと息をのみ、真剣な表情になって少し考えた。

頭をわずかに右に傾けて、つぶやくように言った。

「うん、まだちょっとよくわかんないや。でも……」

強い春の風にかき消され、言葉の最後は聞き取れなかった。

無理に聞こうとは思わない。強引に「物語」を作らない。

震災から一三年、それが「私たち」の現在地である。

二〇二四年春　宮城県北部の山の中腹で

三浦英之

# 解　説

清　水　潔

被災地に拠点を設けて一年間取材を続ける——。

東日本大震災後に朝日新聞がこの制度を立ち上げたと聞いた時、テレビ局の記者として被災地通いをしていた私はうらやましく思った記憶がある。甚大な被害、広大な被災地、そして多くの取材関係先……、東京から行き来していては、話にならないと感じていた頃だったからだ。一方、もし自分がそれを許されても果たして被災地に飛び込んでいけるだろうか……、とも思った。そして、やはり災害特派員の現実は想像以上に過酷であったことを本書で知ったのだ。インフラが失われ、自らで支局を開設し、生きていく場所を確保する。停電、断水が続く中でも被災者たちに迷惑をかけてはならない。三浦記者は決意としてこう書いている。

「職業記者としての倫理上、被災者用に送られてくる支援物資には手をつけないと決めていた」。人としてあたりまえだが、実際にこれを貫こうとすれば困難がつきまとう。南三陸町のホテルの一部屋を確保できたものの（これは本当に運が良かったと思う）、水は出ず、電気は乏しいから自炊もできない。大量に持っていったカロリーメイトをかじり、コンビニの弁当と野菜ジュースで過ごしていた。やがて唇には血がにじみ、髪の毛もパサパサになったという。被災地で補給もなく暮らすというのはまさにギリギリの状態なのであろう。余談だが三浦記者は決して食生活に無頓着な人ではない。日頃の彼のSNSを見ていると、おいしそうな山海の珍味の写真がアップされており、なかなかのグルメらしい。その男がカロリーメイトのチーズ、フルーツ、チョコレート、メープル味のローテーションで暮らしたのだ。

そして何より肝心の取材の方も困難がつきまとい、やがてはストレスにも見舞われるようになる。「私にはどうしても、家族を亡くしたり、家を失ったりしている人たちに『ご家族は無事でしたか』『ご自宅はいかがでしたか』と質問することが——たとえそれがジャーナリストの仕事なのだとしても——まともな人間がすることのようには思えなかった」

数々の修羅場を踏んできたはずのベテラン記者とは思えぬ告白か、あるいは新人記者の悩みのようですらある。被災直後の取材で高齢者を避難所へ移動する場面に出くわし、撮影しようとすると、初老の男性に背中を叩《たた》かれ「お前、何やってんだよ——」と睨《にら》みつけられる。

「私は数秒間悩んだが、手にしていた一眼レフをリュックにしまった。こんな状況でレンズを構えても、良い写真など撮れるはずもない。正直に言えば、私は自信が持てなかったのだと思う。自分が正しいことをしているのか、人として間違っていないかどうかということに」と、自信を失い判断に迷う心情までを描いている。この業界にはコマンドのように取材をする記者やカメラマンも多いが、それとは相対する位置にいる人間臭さを吐露している。それはジャーナリストとして弱いからではなく、むしろ逆で取材というものを考え抜いているからだろう。

「心の迷いは必ず取材対象者に見透かされる。取材は大抵質問に入る前に拒絶され、運良く話を聞くことができたとしても、取材を終えたときには心がヤスリをかけたようにひどく痛んだ。実際、私と彼らの間には越えがたい溝が横たわっていた。私に失ったものはなく、未来も収入も保障されている。一方、彼らの側には自宅や家族を失った人たちが大量にいて、将来的な見通しがまったく立たない人がほとんどだった」

被災者と向き合い、あまりに真面目に考えていた。それは定住型特派員が、毎日被災地の状況を目にし、理解すればするほどに重くなっていく課題でもあったのだ。

*

本書に描かれている東日本大震災、特に津波の現場描写は鋭い。逃げ切れた体験を聞き取った部分も克明に描写されている。そのためなのだろうか、読んでいるうちに私自身、当時の怖さや悲しみを掘り起こされてしまった。私の中で誤魔化し、記憶を上書きしてきたそれはPTSDと呼ぶべきものなのかもしれない。海岸線に漂着した遺体や、火災現場で埋もれ亡くなった人の姿。本書でも触れられているが、車の中で息絶えた人たちを何度も目にした。

震災発生から取材開始までの経緯も似ていた。三浦記者と私はほぼ同じ道筋を辿《たど》っていた。あの日の午後二時四六分には私も都内にいた。汐留《しおどめ》のテレビ局のビルの一六階は激しく揺れ、壁面の大きな絵画が音を立てた。ウインドウを通して見た外界は、数本の高層ビルがバラバラに身をくねらしている異様な世界だった。

私は、リュックを背負い、登山靴を履くと東京へリポートへと向かった。局のヘリで被災地まで人員輸送してもらう筈《はず》だったが、都内も道路損壊による激しい渋滞が起きており、乗っていたタクシーはフライト時間には間に合わなかった。そのまま女性キャスターとともに東北へとひたすら車で北上した。このあたりの行動は三浦記者とほぼ同じで、たぶん前後しながら宮城県に入ったのだろう。その日から、津波の爪跡を追い、海岸線をただ進んだ。名取、塩竈《しおがま》、石巻、南三陸、大船渡《おおふなと》、釜石《かまいし》、山田、宮古、田老《たろう》、久慈《くじ》……。出会うのは際限のない悲しみばかりだ。ただ無力を感じる日々の連続。萎える気持ちと戦いながら現実にカメラを向けるだけだった……。

たまたま車を持っていたため、山間部の集落に石油ストーブを配達する役目を引き受けたことがある。まだまだ寒く、電気も復旧していない暗い集落にストーブが点火するその光景を撮影したかったのだが、被災者の一人から「撮らないで」ときっぱり拒絶されたこともあった。このあたりも三浦記者が描いているとおりである。

＊

本書の内容にそぐわないように感じるのが第一〇章の「ジャーナリズムとは何か」であろうか。舞台は三陸から突如アメリカへ。それも自身の大学留学の話である。タイトルから本書を手にした読者は少々面食らうのではないかとも思うのだが、大学でジャーナリズムの授業を持っている私にとっては興味のある内容だった。

危険地帯での取材実務や安全管理、怪我《けが》した場合の応急処置そしてＰＴＳＤに対する考え方など、日本のメディアなどの危機管理とは雲泥の差である。だが、そこでも三浦記者は不器用であった。外国人ジャーナリストの集まりの中で、よせばいいのに「遺体写真を掲載すべきか」を議論のテーマとして提案してしまうのだ。確かに日本では遺体写真の掲載はご法度だが、世界的にはこのような自己規制は少ない。ドメスティックなこの問題を持ち出せば返り討ち必至だ。三浦記者だってもちろんそれを知りつつ、しかし言ってしまうのである。犠牲者や遺族の苦しみをメディアは無視して良いのかと問う三浦記者に対し担当教官は言った。

「私の目から見ると、君の意見は若干、『取材される側』に肩入れしすぎているように見える。ジャーナリストの使命はこの世界で今起きている現実を広く知らしめ、社会に変革を訴えることだ。伝えなければ、変わらないし、何も変わらなければ、誰も救えない――」そう担当教官から使命や正論を言い放たれ、それでも彼はまだみっともなく食い下がるのだ。

「目の前に横たわっている遺体が自分の肉親や親しい人たちであった場合、私たちは写真を撮りたいと願い出ている同僚の要望を素直に受け入れることができるでしょうか？」

「その案件に限って言えば、そのジャーナリストはその事案を取材するには適切ではない」「そのような状況であれば、撮影者は当事者の同僚ということになり、中立性を保つのが難しい。よほどの理由がない限り、現場には派遣しないし、写真を撮っても使われないかもしれない」

明確なこの回答には、思わず私もうーんと唸《うな》ってしまった。彼が不器用だと言ってはみたものの日本の記者の多くはみな同じ悩みを抱えているであろう。結果として海外でこの議論をし、日本に持って帰って、こうやって活字化し問題提起するわけだから、やはり彼は必要とされるジャーナリストのひとりなのだと思った次第である。

*

「人を殺すのは『災害』ではない。いつだって忘却なのだ」。

あらためて、序章に書かれているこの一文はとても重い。彼が取材中に何度も目にしたのは明治や昭和の三陸大津波を忘れさせないための石碑だ。この地に再び人津波がやってくることを知っていた先人たちが残したもの。私もそんな石碑を何度も見かけたし、中には津波で倒れたものもあった。そんな中でも思い出されるのは宮古・姉吉《あねよし》地区のものだ。津波に破壊された小さな漁港から沢沿いの坂道を登っていけば、よくもこんな高いところまでという場所まで小型の漁船や軽自動車が流されてひっかかっていた。800メートルほど登っていくと浸水部分は突然に終わり、樹林や草付きの斜面となった。その右側に立っていた石碑にはこう彫られていた。「此処《ここ》より下に家を建てるな」。その先の集落に住んでいた人々は無事だったのである。石碑は昭和三陸津波の後、住民の手によって建てられたというが、裏面を覗き込んで見ればこうあった。「この碑は昭和八年津浪の際東京朝日新聞社が讀者から寄託された義援金を各町村に分配しその残餘を更に建碑費として受け建設せるものなり」。偶然とはいえ三浦記者の所属する朝日新聞であった……。

「人を殺すのは『災害』ではない。いつだって忘却なのだ」。

被災地に一年間住み続けた三浦記者の結論と、この石碑の存在に、強く重なる部分を感じるのだ。

誰かが記録し、残さねば悲劇の実態は伝わらず、結果として繰り返す。だからこそしっかりと見続けた者が残す言葉は重い。本書が文庫化され、今後も長く残されることに私は大きな意義を感じざるを得ない。

「時を重ねていくにつれて、私の記憶は加速度的に薄らいでいくだろう」そう考えた記者の手によるこの回想録が、やがては被災地の石碑のように立ち残る存在になると信じたい。

（しみず・きよし　ジャーナリスト）

年齢・肩書等は取材時のものです。敬称は省略しました。

本書は、二〇二一年二月、朝日新聞出版より刊行されました。

三浦英之の本

# 五色の虹

## 満州建国大学卒業生たちの戦後

旧満州に設立された満州建国大学。「五族協和」を掲げ、五つの民族の若者達がともに学んだ。満州国崩壊後、卒業生はどのような戦後を送ったのか。第13回開高健ノンフィクション賞受賞。

集英社文庫

三浦英之の本

# 南三陸日記

3・11後に宮城へ転勤した朝日新聞記者。「報道」のためではなく、被災者とともに暮らして、泣いて、日常の変化や人々の心の揺れを記録した渾身の震災ルポルタージュ。

集英社文庫

三浦英之の本

## 水が消えた大河で

ルポＪＲ東日本・信濃川不正取水事件

日本一の信濃川を涸れさせたのは、長年にわたる巨大企業の不正だった！　不正取水をめぐる事件を徹底取材し、川を元に戻そうと闘った地元住民の知られざる事実を克明に綴るルポ。

集英社文庫

三浦英之の本

# 帰れない村

## 福島県浪江町「DASH村」の10年

東日本大震災以後、住民たちがまだ1人も帰れない「村」がある。原発事故で散り散りになってしまった人々の現実、そして想いとは。徹底取材で綴る渾身のノンフィクション！

集英社文庫

三浦英之の本

# 白い土地

ルポ　福島「帰還困難区域」とその周辺

原発被災地で見つめた真実。国や政府が発し続ける「復興」とは何を意味しているのか。開高健賞受賞記者の骨太のルポ！　第2回ジャーナリズムXアワード（Y賞）受賞作品。

集英社文庫

# 集英社文庫　目録（日本文学）

丸谷才一　別れの挨拶
麻耶雄嵩　メルカトルと美袋《みなぎ》のための殺人
麻耶雄嵩　貴族探偵
麻耶雄嵩　あいにくの雨で
麻耶雄嵩　貴族探偵対女探偵
眉村卓　僕と妻の1778話
まんしゅうきつこ　まんしゅう家の憂鬱
三浦綾子　裁きの家
三浦綾子　残像
三浦綾子　石の森
三浦綾子　ちいろば先生物語(上)(下)
三浦綾子　明日のあなたへ　愛するとは許すこと
みうらじゅん　とんまつりJAPAN　日本全国とんまな祭りガイド
みうらじゅん　宮藤官九郎　どうして人はキスをしたくなるんだろう？
みうらじゅん　宮藤官九郎　みうらじゅんと宮藤官九郎の世界全体会議
三浦しをん　光

三浦しをん　のっけから失礼します
三浦英之　五色の虹　満州建国大学卒業生たちの戦後
三浦英之　南三陸日記
三浦英之　水が消えた大河で　ルポJR東日本・信濃川不正取水事件
三浦英之　帰れない村　福島県浪江町「DASH村」の10年
三浦英之　白い土地　ルポ 福島「帰還困難区域」とその周辺
三浦英之　災害特派員　その後の「南三陸日記」
三木卓　柴笛と地図
三崎亜記　となり町戦争
三崎亜記　バスジャック
三崎亜記　失われた町
三崎亜記　鼓笛隊の襲来
三崎亜記　廃墟建築士
三崎亜記　逆回りのお散歩
三崎亜記　手のひらの幻獣
三崎亜記　名もなき本棚

水上勉　故郷
水上勉　働くことと生きること
水谷竹秀　日本を捨てた男たち　フィリピンに生きる「困窮邦人」
水谷竹秀　だから、居場所が欲しかった。　バンコク、コールセンターで働く日本人
水野宗徳　さよなら、アルマ　戦場に送られた犬の物語
未須本有生　ファースト・エンジン
水森サトリ　でかい月だな
三田誠広　いちご同盟
三田誠広　春のソナタ
三田誠広　永遠の放課後
道尾秀介　光媒の花
道尾秀介　鏡の花
道尾秀介　N
三津田信三　怪談のテープ起こし
美奈川護　ギンカムロ
美奈川護　弾丸スタントヒーローズ

美奈川護　はしたかの鈴　法師陰陽師異聞
湊かなえ　白ゆき姫殺人事件
湊かなえ　ユートピア
湊かなえ　カケラ
湊かなえ　ダイヤモンドの原石たちへ　湊かなえ作家15周年記念本
宮内勝典　ぼくは始祖鳥になりたい
宮内悠介　黄色い夜
宮尾登美子　影絵
宮尾登美子　朱夏(上)(下)
宮尾登美子　天涯の花
宮尾登美子　岩伍覚え書
宮木あや子　雨の塔
宮木あや子　太陽の庭
宮木あや子　喉の奥なら傷ついてもばれない
宮城公博　外道クライマー
宮城谷昌光　青雲はるかに(上)(下)

宮子あずさ　看護婦だからできること
宮子あずさ　看護婦だからできることⅡ
宮子あずさ　老親《ろうしん》の看《み》かた、私の老い方
宮子あずさ　ナースな言葉　こっそり教える看護の極意
宮子あずさ　ナース主義！
宮子あずさ　卵の腕まくり　看護婦だからできることⅢ
宮沢賢治　銀河鉄道の夜
宮沢賢治　注文の多い料理店
宮下奈都　太陽のパスタ、豆のスープ
宮下奈都　窓の向こうのガーシュウィン
宮田珠己　ジェットコースターにもほどがある
宮田珠己　だいたい四国八十八ヶ所
宮部みゆき　地下街の雨
宮部みゆき　R.P.G.
宮部みゆき　ここはボツコニアン 1
宮部みゆき　ここはボツコニアン 2　魔王がいた街

宮部みゆき　ここはボツコニアン 3　二軍三国志
宮部みゆき　ここはボツコニアン 4　ほらホラHorrorの村
宮部みゆき　ここはボツコニアン 5 FINAL　ためらいの迷宮
宮本輝　焚火の終わり(上)(下)
宮本輝　海岸列車(上)(下)
宮本輝　水のかたち(上)(下)
宮本輝　いのちの姿　完全版
宮本輝　田園発　港行き自転車(上)(下)
宮本輝　草花たちの静かな誓い
宮本輝　ひとたびはポプラに臥《ふ》す　1～3
宮本輝　灯台からの響き
宮本輝／吉本ばなな　人生の道しるべ
宮本昌孝　藩校早春賦
宮本昌孝　夏雲あがれ(上)(下)
宮本昌孝　みならい忍法帖　入門篇
宮本昌孝　みならい忍法帖　応用篇

# 集英社文庫　目録（日本文学）

## 集英社文庫　目録（日本文学）

村山由佳　彼方の声　おいしいコーヒーのいれ方 Second Season Ⅵ
村山由佳　遥かなる水の音
村山由佳　記憶の海　おいしいコーヒーのいれ方 Second Season Ⅶ
村山由佳　地図のない旅　おいしいコーヒーのいれ方 Second Season Ⅷ
村山由佳　放蕩記
村山由佳　天使の柩
村山由佳　La Vie en Rose　ラヴィアンローズ
村山由佳　ありふれた祈り　おいしいコーヒーのいれ方 Second Season Ⅸ
村山由佳　猫がいなけりゃ息もできない
村山由佳　晴れときどき猫背　そして、もみじへ
村山由佳　てのひらの未来　おいしいコーヒーのいれ方 Second Season・アナザーストーリー
村山由佳　BAD KIDS
村山由佳　海を抱く　BAD KIDS
村山由佳　風よ あらしよ（上）（下）
村山由佳　命とられるわけじゃない
群ようこ　トラちゃん

群ようこ　姉の結婚
群ようこ　でも女
群ようこ　トラブルクッキング
群ようこ　働く女
群ようこ　きもの365日
群ようこ　ひとりの女
群ようこ　小美代姐《こみよねえ》さん花乱万丈《からんばんじょう》
群ようこ　小美代姐さん愛縁奇縁
群ようこ　小福歳時記
群ようこ　母のはなし
群ようこ　衣もろもろ
群ようこ　衣にちにち
群ようこ　ほどほど快適生活百科
群ようこ　しない。
群ようこ　いかがなものか
群ようこ　小福ときどき災難

室井佑月　血《あか》い花《はな》
室井佑月　作家の花道
室井佑月　ああ～ん、あんあん
室井佑月　ドラゴンフライ
室井佑月　ラブ ゴーゴー
室井佑月　ラブ ファイアー
タカコ・半沢・メロジー　もっとトマトで美食同源！
毛利志生子　風の王国
茂木健一郎　ピンチに勝てる脳
百舌涼一　生協のルイーダさん　あるバイトの物語
百舌涼一　中退サークル
持地佑季子　クジラは歌をうたう
持地佑季子　七月七日のペトリコール
持地佑季子　ハツコイハツネ
望月諒子　神の手
望月諒子　腐葉土

# 集英社文庫　目録（日本文学）

望月諒子　田崎教授の死を巡る　桜子准教授の考察
望月諒子　鱈《たら》目《め》講師の恋と呪殺。　桜子准教授の考察
望月諒子　呪い人形
森絵都　永遠の出口
森絵都　ショート・トリップ
森絵都　屋久島ジュウソウ
森絵都　みかづき
森鷗外　舞姫
森鷗外　高瀬舟
森達也　A3　エースリー　(上)(下)
森博嗣　墜ちていく僕たち
森博嗣　工作少年の日々
森博嗣　ゾラ・一撃・さようなら　Zola with a Blow and Goodbye
森博嗣　暗闇・キッス・それだけで　Only the Darkness or Her Kiss
森まゆみ　寺暮らし
森まゆみ　その日暮らし

森まゆみ　旅暮らし
森まゆみ　貧楽暮らし
森まゆみ　女三人のシベリア鉄道
森まゆみ　いで湯暮らし
森まゆみ　『青鞜』の冒険　女が集まって雑誌をつくるということ
森まゆみ　彰義隊遺聞
森まゆみ　森まゆみと読む　林芙美子「放浪記」
森まゆみ　『五足の靴』をゆく　明治の修学旅行
森瑤子　情事
森瑤子　嫉妬
森田真生　僕たちはどう生きるか　めぐる季節と「再生」の物語
森見登美彦　宵山万華鏡
森村誠一　壁の目　新・文学賞殺人事件
森村誠一　終着駅
森村誠一　腐蝕花壇
森村誠一　山の屍

森村誠一　砂の碑銘
森村誠一　悪しき星座
森村誠一　黒い神《み》座《くら》
森村誠一　ガラスの恋人
森村誠一　社《しゃ》奴《ど》
森村誠一　勇者の証明
森村誠一　復讐の花期　君に白い羽根を返せ
森村誠一　凍土の狩人
森村誠一　悪の戴冠式
森村誠一　社賊
森村誠一　誘鬼燈
森村誠一　死《し》媒《ばい》蝶《ちょう》
森村誠一　花の骸《むくろ》
森本浩平・編　沖縄。人、海、多面体のストーリー
諸田玲子　月を吐く
諸田玲子　髭麻呂　王朝捕物控え

集英社文庫

災害特派員《さいがいとくはいん》 その後《ご》の「南三陸日記《みなみさんりくにっき》」

2024年11月25日 第1刷

定価はカバーに表示してあります。

著 者 三浦英之《みうらひでゆき》

発行者 樋口尚也

発行所 株式会社 集英社

東京都千代田区一ツ橋2-5-10 〒101-8050

電話 【編集部】03-3230-6095

【読者係】03-3230-6080

【販売部】03-3230-6393(書店専用)

印 刷 大日本印刷株式会社

製 本 ナショナル製本協同組合

フォーマットデザイン アリヤマデザインストア マークデザイン 居山浩二



ISBN978-4-08-744717-0 C0195